Putting Core English Words into Action

Shinichiro Torikai

ASAHI PRESS

《《《 音声ストリーミング・ダウンロード配信 》》》

http://text.asahipress.com/free/english/

この教科書の音声は、
上記ウェブサイトにて無料で配信しています。

Putting Core English Words into Action

Copyright © 2019 Shinichiro Torikai

All rights reserved. No Part of this book may be reproduced or transmitted in any form or by any means, electronic or mechanical, including photocopying, recording or by any information storage and retrieval system, without permission in writing from authors and the publisher.

表紙／イラスト：駿高泰子

はしがき

　本書は、1995年に出版した『基本語彙を使った発展英作文』の第3版です。当時私が担当していた英語の授業用に作成したオリジナルの英作文の問題を、実際に授業で使い、学生から様々な回答やフィードバックをもらい、英語母語話者からコメントを得て、更にそれを次年度に改良・修正して使用し、新たなフィードバックを得るということを5年間にわたり行った成果をまとめたものが、第1版の『基本語彙を使った発展英作文』です。幸いにもこの教科書は、現場の先生方から使いやすい、分かりやすいとの評判を得て、長きにわたって多くの方々に使っていただくことができました。2009年にはその改訂版である『Putting Common Verbs to Work for You』を出版することができました。この改訂版では、イラストをふんだんに使い、英語の基本的な動詞や前置詞・副詞の使い方を丁寧に解説し、英語という言語の根幹を成す基本的な語彙を使って、日本人が言いたいことを自由に表現できるよう、英作文の問題を複数の形式で提示し、わかりやすく解説いたしました。この改訂版も現場の先生方から多くのご支持を得ることができ、長く使ってくださる先生方がさらに増え、執筆した著者としては感激いたしました。今回出版する『Putting Core English Words into Action』は、このシリーズの第3版となりますが、前回に引き続きイラストを数多く使い、コミュニケーションの基本である一語一句文、発展性の高い接辞の -er、-ing、-ed、英語の最も基本的な文型の be ＋形容詞、位置・時間関係を表す in(to) と out (of)、on と off と at、基本的な動詞である have、go、come、put、take、give、get、make の使い方を視覚的に表現し、解説しました。前版以上に大規模コーパスを活用し、現実のコミュニケーションでの使用頻度や使用形態を考慮しつつ、日本人学習者が思わず使いたくなるような平易であるけれども有用性が高い表現を多数盛り込みました。新版を作成するに当り特に注意を払ったのは、英語という言語の最もコアーな部分を構成する基本的な動詞、前置詞・副詞、接尾辞などの用法です。英語という言語はどのような表現方法をとる言語なのかを問い続け、その表現方法を日本人学習者にわかりやすく問題形式で解説しました。英語の表現は星の数ほどあっても、その根幹を成す部分は意外と有限なのかもしれません。その本質的な部分を本書を通して理解し、英語が使えるようになっていただければ、著者としては心より嬉しく思う次第です。

2018年9月
鳥飼慎一郎

Contents

第1課	一語一句文	2
第2課	–er	8
第3課	–ing	14
第4課	–ed	20
第5課	be + 形容詞	26
第6課	in(to) と out (of)	32
第7課	on と off と at	38
第8課	have	44
第9課	go	50
第10課	come	56
第11課	put	62
第12課	take	68
第13課	give	74
第14課	get	80
第15課	make	86

Putting Core English Words into Action

第1課　一語一句文

1. 大きな声で英語で話しかけてみよう

Excuse me! （すみません）
Yes? （何でしょうか）

大きな声で以下の内容を英語で挨拶をしてみよう
　こんにちは！
　おはよう！
　じゃ、またね！

どういう時に使うのか話し合ってみよう
　1. Thank you.
　2. Please.
　3. Sorry.

> Excuse me. Sorry. Thank you. は、社会生活の基本です

2. 英語で気持ちを表してみよう

Good! （素晴しいわ）
Oh, thank you. （まあ、ありがとう）

英語で褒めてみよう、それを日本語に直してみよう
　1. Great!
　2. Beautiful!
　3. Perfect!

英語で不快・不安な気持ちを表現し、日本語に直してみよう
　1. Terrible!
　2. Awful!
　3. Really?

最初に how を付けて感情を込めて言ってみよう
　1. Nice!
　2. Stupid!
　3. Expensive!

> 形容詞を一語言うだけでも立派な会話なんだ

3. 単語だけでも注文できるよ

Coffee, please.
（コーヒーをお願いします）

単語だけで注文するときは最後に please をつけよう
丁寧に聞こえます

（　　）の中に適当な語を入れて、
大きな声で英語で注文してみよう

　　（　　　　　）, please.　（紅茶をお願いします）
　　Vanilla ice cream, (　　　　　).
　　　（バニラアイスをお願いします）
　　（　　　　）(　　　　　), please.
　　　（大きいピザをお願いします）
　　（　　　　）, (　　　　　).　（お勘定をお願いします）

欲しいものの名前を言うだけで
OK なんだ、便利ー

4. 注文する数を付けて、言ってみよう

Five hamburgers, please.
（ハンバーガーを５つお願いします）

（　　）の中に適切な語を入れて、注文してみよう
1. Two (　　　　　　), please.
　　（チーズバーガーを２つお願いします）
2. (　　　　　) doughnuts, please.
　　（ドーナッツを４つお願いします）
3. (　　　　) (　　　　　) French fries, (　　　　　).
　　（小さいフライドポテトを３つください）

数えられない名詞は、それを入れる器を使ってその数を数えます

（　　）の中に適当な語を入れて、注文してみよう
　　Four (　　　　) of water, please.
　　　（水を４本ください）
　　Six (　　　　) of coffee, please.
　　　（コーヒーを６つください）
　　Two (　　　　) of orange juice, please.
　　　（オレンジジュースを２杯ください）

水は（ペット）ボトル
に入れて数を数える
わけだ

5. ダメと言うときの便利な表現です

No Smartphones.
（スマホ禁止）

何について禁止しているのか考えてみよう
　　No photos.
　　No mobiles.
　　No talking, please.

注文するときも最初に no を付けて表現します

　（　　）の中に適当な語を入れて、注文してみよう
　　No (　　　　), please.（お砂糖は要りません）
　　(　　　　) wasabi, please.（ワサビ抜きでお願いします）
　　(　　　　) (　　　　　), please.（デザートは結構です）

最初に No を付けると、
〜禁止、という意味に
なるんだ

6. 誰のものかを言うときに便利な表現です

My family, my father, my mother, my sister.
（私の家族です、父です、母です、姉／妹です）

最初に my を付けると、「自分の〜です」という意味になります
your を付けると、「あなたの〜です」という意味になります

　（　　）の中に適当な語を入れて、表現してみよう
　1.　(　　　　) brothers.（兄たちです）
　2.　(　　　　) school.（あなたの学校です）
　3.　(　　　　) hometown.（私の住んでいる町です）

Ayaka's のように、人の名前の後に 's を付けると、「その人の〜です」という意味になります
誰のものか分からない場合は、Whose 〜? と言って聞きます

以下の日本文を英語で表現してみよう
　1.　綾佳の教科書です
　2.　遼のジャケットです
　3.　誰の学校の制服ですか

7. How を使うと、いろいろなことが聞けます

How much? （いくらですか）

How much ~? を使って、その分量を英語で聞いてみよう
1. どのくらいの水ですか
2. どのくらいの時間ですか
3. どのくらいのスペースですか

how を使うと、いろいろなことについて聞けます

（　）の中に適当な語を入れて、質問してみよう
1. How (　　　　)? （どのくらいの長さですか）
2. How (　　　　)? （どのくらい速いのですか）
3. How (　　　　)? （どのくらいすぐなのですか）

これは How much money? ってお金の量を聞いているんだよ

8. 指示や命令にも使えます

Hands up! （両手を挙げろ）
Don't move! （動くな）

「～しろ」と動作を指示する場合は、動詞をそのまま使います

以下の日本文を英語で表現してみよう
1. 聞いて
2. 止まって
3. 助けて

「～するな」と指示するときは、Don't を付けて使います

Don't を付けて表現して、日本語に訳してみよう
1. Touch!
2. Push!
3. Drive fast!

なんだか映画のセリフみたいだな

Dialogue

 Driver: Where to, sir?

Tourist: Cathedral, please.

Driver: All right. First time to Strasburg?

Tourist: Yes. Beautiful town. Many old buildings.

Driver: Oh, yes. Right side, the River Ill. From Japan?

Tourist: Yes. From Tokyo.

Driver: Many tourists from Japan.

発展問題

1. （　）の中に適当な語を入れて、英語で言ってみよう

    1. (　　　) lovely!
       （なんて素敵なんでしょう）

    2. (　　　) pets, (　　　).
       （ペットはお断りいたします）

    3. (　　　) (　　　) car.
       （父の車です）

    4. (　　　) camera?
       （誰のカメラですか）

       (　　　) camera.
       （絵里香のカメラです）

    5. (　　　) (　　　)?
       （どのくらい遠いのですか）

       Only (　　　) (　　　) away.
       （ほんの100メートル先です）

2. 本文を参考にして、英語で言ってみよう

    1. 自分の家族を紹介してみよう

    2. 自分の大学を紹介してみよう

    3. 自分の町を案内してみよう

第2課 -er

1. 動詞に -er を付けると、それをする人という意味になります

work → work + er → worker
（働く）　　　　　　　　　（働く人、労働者）

単純に -er を付けるだけではない語もあるので注意しましょう

-er を付けて、その意味を書き入れてみよう
1. teach → (　　　)（教える人、教員）
2. write → (　　　)（書く人、作家）
3. run → (　　　)（走る人、走者）

(　) の中の語を適当な形に変えて表現してみよう

Picasso was a great (paint) in the 20th century.
（ピカソは20世紀の偉大な画家です）

These books are for young (learn).
（これらの本は子供の学習者向けのものです）

日本語でもよく使うわね

2. 物の名前に-erを付けると、そういうものに関係した人という意味になります

garden → gardener
（庭）　　　（庭師）

-er を付けて、その意味を書き入れてみよう
1. photograph → (　　　　　)（写真家）
2. farm → (　　　　　)（農民）
3. bank → (　　　　　)（銀行家）

(　) の中の語を適当な形に変えて表現してみよう

Four (prison) escaped from prison.
（4人の囚人が脱獄した）

Many (village) came to the festival.
（多くの村人が祭りに集まった）

We will invite a famous (lecture) next month.
（来月有名な講師を招聘します）

庭する人？　庭師、園芸愛好家、庭いじりの好きな人、のことか

3. 順番を変えるだけで、それをする人の意味になります

play soccer → soccer player
（サッカーをする）　（サッカー選手）

順番を入れ替えて -er を付け、その意味を言ってみよう
1. teach English → (　　　　)(　　　　)
   （英語を教える人、英語の教師）
2. make cars → (　　　　)(　　　　)
   （車を作る人、自動車メーカー）
3. drive a taxi → (　　　　)(　　　　)
   （タクシー運転手）

（　）の中の語を適当な形に変えて表現してみよう
Are you a tea (love) or a coffee (love)?
（お茶好きですか、コーヒー好きですか）
Many (taxpay) are against the new law.
（多くの納税者が新しい法律に反対してる）
Seiko is a world-famous (watchmake).
（セイコーは世界に知られた時計会社です）

tennis player, baseball player, basketball player いろいろ言えるぞ

4. -er を付けると、それをする道具という意味になります

compute → computer
（計算する）　（計算する機械）

以下の動詞に -er を付けて、その意味を言ってみよう
1. print → (　　　　)(　　　　)
2. boil → (　　　　)(　　　　)
3. heat → (　　　　)(　　　　)

（　）の中の動詞を適当な形に変えて言ってみよう
1．This (speak) is broken.
　　（この拡声器は壊れている）
2．May I use your (rule)?
　　（定規を借りてもいいですか）
3．Put all the plates on the (count).
　　（調理台の上に皿を全部置きましょう）

computer って元々は計算する機械って意味だったんだ

5. 順番を変えて -er を付けると、それをする道具や機械という意味になります

play a DVD （DVDで音楽を流す）
DVD player （DVDで音楽を流すための機械）

順番を変えて -er を付け、道具や機械という意味にしてみよう
1. make coffee → （　　　　　）（　　　　　）
2. burn gas → （　　　　　）（　　　　　）
3. record voice → （　　　　　）（　　　　　）

以下の意味を日本語で言ってみよう
a rice cooker （　　　　　　　　　　　）
a gatekeeper （　　　　　　　　　　　）
a nail clipper （　　　　　　　　　　　）

6. 名前の由来

mill → miller → Miller

小麦をひいて小麦粉を作るのが mill、それをする人が -er を付けて miller、その職業が人の名前になりました

どういう意味の動詞が職業名になり、人の名前になったのでしょか、説明してみよう
bake → baker → Baker （　　　　　　　　　　　）
fish → fisher → Fisher （　　　　　　　　　　　）
thatch → thatcher → Thatcher （　　　　　　　　　　　）

以下の人名の由来を調べて、説明してみよう
Cooper
Tailor
Turner

Miller っていうのは元々は職業名だったんだ

7. -er 以外にも、人を意味する便利な語尾がいくつかあります

> act（演技する）に -or を付けて、actor（役者）
> tour（観光をする）に -ist を付けて、tourist（観光客）
> advise（助言をする）に -ee を付けて advisee（助言を受ける人）
>   cf. advise（助言をする）に -er を付けた adviser は、「助言者、アドバイザー」

-or、-ist、-ee のどれかを付けてどういう意味になるのか言ってみよう
- sail （　　　）（　　　　　）
- piano （　　　）（　　　　　）
- interview （　　　）（　　　　　）

どのようにして以下の語ができたのかを説明し、その意味も言ってみよう
- instructor （　　　　　　　　　　）
- economist （　　　　　　　　　　）
- tutee （　　　　　　　　　　）

> なるほど、アドバイスする人は -er をつけて、アドバイスされる人は -ee をつけるんだ

8. -man、-woman、接尾辞無し

> chairman → chairwoman → chairperson → chair

以下の流れはどうして起こったのだろうか。説明してみよう
- policeman → policewoman → police officer
- sportsman → sportswoman → athlete
- fireman → firefighter

> 最近では何も付けない chair とも言うようね

Dialogue

 Conversation

 Student: Mr. Baker, are you a baker?

Mr. Baker: No. Why do you ask?

Student: A person who bakes bread is called a baker. Right?

Mr. Baker: Oh, I see what you mean. It's just a name.

Student: Are there any other names that came from jobs?

Mr. Baker: Well, let's see. Smith is a job of making things out of iron, like horseshoes.

Student: How interesting! Do you know what my name, Torikai, means?

Mr. Baker: No. What does it mean?

Student: It means a bird feeder.

Mr. Baker: Is that right? You mean, you feed someone's birds as a job.

Student: No, Not me, but I guess my ancestor's job was to feed someone's birds.

第2課　　-er

発展問題

1. (　　) の中に適当な語を入れてみよう

   1. I am a full-time hospital (　　　　).
      （私は病院で常勤の仕事をしています）

   2. You can find a can (　　　　) and a bottle (　　　　) in the (　　　　).
      （缶切りと栓抜きが引き出しの中にあります）

   3. Mr. Walker is the new (　　　　) of the (　　　　) camp.
      （ウオーカー氏が難民キャンプの新しい所長だ）

   4. In the Olympics, top (　　　　) do their best to win.
      （オリンピックでは最高の選手たちが勝者を目指す）

   5. Ms Imai will serve as (　　　　) of the session.
      （今井女史がその分科会の議長を務める）

2. (　　) の中の語を適当な形に変えてみよう

   1. I need to buy a (calculate), a (staple), a pencil (sharpen) and an (erase).
      （計算機とホチキスと鉛筆削りと消しゴムを買う必要がある）

   2. The land (own) and the (farm) are negotiating the rent.
      （地主たちと農民たちは地代について交渉中です）

   3. The (engine) checked the (radiate) and a steering wheel.
      （技師は冷却装置とハンドルを調べた）

   4. Many (science), (business) and (govern) attended the conference.
      （多くの科学者と実業家と知事がその会議に参加した）

   5. I changed jobs from a taxi (drive) to a bank (tell).
      （私は仕事をタクシー運転手から銀行の窓口係に変えた）

第3課 -ing

1. -ing の付いた語を使うと、いろいろな気持ちを表せます

Surprising! （おどろいたぁー！）
Interesting! （面白い！）
Boring! （つまらない！）

surprise というのは「驚かせる」という意味の動詞、それに -ing を付けると、「驚くべき」という意味の形容詞になります

以下の -ing が付いた形容詞の意味を言ってみよう
  exciting （　　　　　）
  tiring （　　　　　）
  charming （　　　　　）

本当にこれは surprising、驚くべき表現だ

以下の動詞の意味と、-ing を付けて形容詞にしたときの意味を言ってみよう
  exhaust （　　　　　） → （　　　　　）（　　　　　）
  amaze （　　　　　） → （　　　　　）（　　　　　）
  terrify （　　　　　） → （　　　　　）（　　　　　）

2. 動詞に -ing を付けると、よく使う名詞ができます

meet → meet + ing → meeting
（会う）　（会うこと）　　　（会議）

動詞に -ing を付けると、その動作に関係した名詞になります

（　）の中に意味を書き入れてみよう
  wash （　　　　） → washing （　　　　）
  find （　　　　） → finding （　　　　）
  feel （　　　　） → feeling （　　　　）

以下の -ing の付いた語の更なる深い意味を考えてみよう
  reading → 読むこと → （　　　　　　　）
  saying → 言うこと → （　　　　　　　）
  teaching → 教えること → （　　　　　　　）

ことばの使い方の世界が広がるなぁ〜

以上のことを使うと、「落語をする」、「落語」、「落語家」は簡単に言えます
  tell a comic story「落語をする」、comic storytelling「落語」、comic storyteller「落語家」

3. -ing を付けた語は、いろいろな名詞と一緒に使えて便利です

shopping mall（ショッピングモール、大規模商店街）
shopping cart（買い物用手押し車）
shopping list（買う物を書き出したリスト）

「聞く」「話す」「読む」「書く」テストは何て言うんだろう
　　（　　　　　）test
　　（　　　　　）test
　　（　　　　　）test
　　（　　　　　）test

どれも買い物に関係している事ばかりだわね

（　　）の中の単語と組合わせるとどういう意味になるだろう
　　swimming（pool, suit, trunks, lesson）
　　cooking（time, temperature, pot, apple）
　　working（days, hours, class, conditions）

4. be 動詞と動詞に -ing を付けた形を組み合わせると、進行形が作れます

My nose is running.
（鼻水が止まらない）

鼻が走っている？

進行形は、人がどうしても止められない生理現象や自然現象を表すときによく使います

（　　）の中の動詞を -ing 形に変えて、日本語に訳してみよう
　　I am (starve).（　　　　　　　）
　　My finger is (bleed).（　　　　　　　）
　　It is (rain) again.（　　　　　　　）

進行形は、コミュニケーションに関係するときにもよく使います

（　　）の中の語を適当な形に変えて言ってみよう
　　No (kid)! You must be (joke).
　　　（うっそー、冗談でしょう）
　　People were (scream) and (shout) on the streets.
　　　（人々は通りで泣いたり叫んだりしていた）

5. 目の前で起こっていることを進行形で言うと、臨場感があります

Oh, look! A cat is chasing a dog.
（見ろよ、猫が犬を追いかけているぞ）

行ったり来たりする意味の動詞に -ing をつけると、今起こっていることや、すぐに起こることが言えます
a の文は今起こっていることです。b の文はこれから起こることです

   a. Be careful. The train is coming.
      （気をつけて。電車が来るから）［電車が来るのが見える］
   b. The train is coming in ten minutes.
      （電車は 10 分後に到着します）［あと 10 分後のこと］

以下の文の意味の違いを考えてみましょう
   a. We are going to McDonald's.
      （マックに行くところだ）
   b. We are going to eat lunch at McDonald's.
      （マックでお昼を食べるんだ）

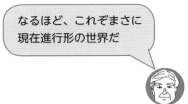

なるほど、これぞまさに現在進行形の世界だ

6. -ing形は、動作の開始、継続、終了、停止などを表す動詞と一緒に使われます

All the marathon runners started running. ［ようーい、ドン］
They kept running. ［懸命に走っている］
They finished running. ［ゴールイン］

香織の 1 日の仕事のスケジュールを start、keep、finish を使って言ってみよう
   Kaori (   ) working at 9 am.
   She (   ) working all day.
   She (   ) working at 5 pm.

( ) の中に適当な語を入れ、( ) の中の語を適当な形に変えてみよう
   You better (   ) (smoke).
      （たばこを吸うのはやめた方がいい）
   (   ) (clean) your room quickly.
      （急いで部屋の掃除を終えなさい）
   My parents (   ) (live) in Nagano.
      （両親は長野に住み始めた）

走り始め、走り続け、走り終える、どれも running を使うんだ

第3課　　　-ing

7. goと-ing形を一緒に使うと、野外などで楽しいことをしに行くことが言えます

Do you want to go hiking at Takao?
（高尾山にハイキングに行きたいですか）
Chihiro went camping last summer.
（千尋は昨年の夏にキャンプに行った）
I used to go fishing in the river.
（川に釣りに行ったものだ）

go -ing を使って表現してみよう
My wife (　) (shop) at a nearby supermarket.
　（妻は近くのスーパーに買い物に行った）
My grandparents will (　) (sightsee) in Kyushu.
　（祖父母は近々九州に観光に行きます）
Mr. Saito (　) (look) for a better job.
　（斉藤さんはもっとよい仕事を探しに行きました）

確かにどれも野外でやる楽しいことばかりだ

8. 人の動作を見る、聞く

We watched ＋ Kaoru was skiing → We watched Kaoru skiing
（私たちが見た）　（香がスキーをしていた）　（香がスキーをしているのを私たちが見た）

人が何かをしている、それを別の人が見守っている、という2重構造です
「見る」以外に、「～しているのを聞く、嗅ぐ」ということにも言えます

We heard ＋ someone was blowing a whistle
→ We heard someone blowing a whistle.
　（私たちは誰かが笛を吹いているのを聞いた）

Takako smelled ＋ something was burning in the kitchen
→ Takako smelled something burning in the kitchen.
　（貴子は台所で何かが燃えている匂いを嗅いだ）

日本語でどういう意味なのか説明してみよう
　Rintaro saw many hikers coming up the hill.
　Can you hear someone calling for help?

be 動詞の was を取って、2つの文を結びつければいいんだ

Dialogue

Husband: I'm starving. Is there anything to eat?

Wife: No, there's not much left in the fridge. We need to go shopping.

Husband: That's right. Are we going to the supermarket downtown?

Wife: No. Don't you know a big shopping mall just opened in the suburbs.

Husband: Yeah. I heard my colleagues talking about it.

Wife: I heard there are some nice Mexican, Italian and Japanese restaurants there too.

Husband: That's interesting.

Wife: OK, then how about leaving in 20 minutes?

Husband: Why not right now?

Wife: Well, I have to finish washing the laundry first. I also need to make a shopping list.

第3課　-ing

発展問題

1. 日本語を参考にして、（　）の中に適当な語を入れてみよう

   1. I can tell that this is her (　　　　) (　　　　).
      （これは彼女の筆跡だと分かる）

   2. The candidate is popular among (　　　　) (　　　　) voters.
      （その候補者は労働者階級の有権者に人気がある）

   3. Excuse me, I (　　　　) still (　　　　).
      （すみませんが、まだ話しているんですが）

   4. Shall we go cherry blossom (　　　　) or go (　　　　) at an izakaya ?
      （お花見に行きましょうか、それとも居酒屋に飲みに行きましょうか）

   5. Let me (　　　　) (　　　　) your paper first.
      （まず君の論文を最後まで読ませてくれないか）

2. （　）の中に入る適当な語を［　］の中から選んでみよう

   1. (　　　　)! I can't stand such a stupid movie.
      （うんざりだわ、あんな馬鹿らしい映画！）

   2. He thinks that (　　　　) is his (　　　　).
      （彼は教職が天職であると思っている）

   3. The (　　　　) ceremony is on August 10, and the (　　　　) ceremony is on August 24.
      （開会式は8月10日、閉会式は8月24日です）

   4. Are you (　　　　) of (　　　　) more money on (　　　　)?
      （これ以上洋服にお金を掛けるつもりなのですか）

   5. We (　　　　) the sound of (　　　　) water from the trail.
      （山道から水が流れている音が聞こえた）

   [calling, closing, clothing, disgusting, heard, opening, running, spending, thinking, teaching]

第4課 -ed

1. 動詞に -ed を付けると、過去のことが言えます

I played indoor tennis.
（室内テニスをした）

（　）の中の語を適当な形に変えて表現してみよう
1. I (watch) a funny movie yesterday.
   （昨日面白い映画を見ました）
2. Yuka (climb) Mt. Fuji last summer.
   （有香は昨年の夏に富士山に登りました）

-ed の付け方にもいろいろあるので注意しよう
（　）の中に適当な語を入れて表現してみよう
1. Shota (　　　) in the mountains this last winter.
   （翔太はこの冬に山でスキーをしました）
2. Erika (　　　) on the skating link two days ago.
   （絵里香は2日前にスケートリンクでスケートをした）
3. I carelessly (　　　) a glass the other day.
   （先日不注意にもグラスを落としてしまった）

なるほど、play に -ed をつけるだけでいいんだ

2. もちろん、-ed を付けずに過去形を作る動詞もあります

I wrote a love story and won the prize.
（恋愛小説を書いて賞をもらいました）

wrote は write の、won は win の過去形です
I went to Tokyo Junior High School.
　（東京中学校に通いました）［went は go の過去形］
Masa bought a new smartphone.
　（マサは新しいスマホを買いました）［bought は buy の過去形］

went は、「ゆっくり歩く」という意味の wend の過去形でしたが、いつの間にか go の過去形として使われるようになったものです

以下の文を過去の文に変えて、日本語で意味を言ってみよう
1. The word pajama comes from Hindi.
2. Who breaks the world record?
3. Nanako puts some sugar in my coffee.

ちなみに went はどう見ても go の過去形には見えないね

3. be 動詞の過去形は was と were の２つがあります

My mother was a doctor.
（私の母は医者でした）

My grandparents were her patients.
（私の祖父母は母の患者でした）

	今のことを言う	以前のことを言う
be（be 動詞の大元の形）	is/am（主語が単数形） are（主語が複数形）	was（主語が単数形） were（主語が複数形）

主語が I のときは am を、主語が you のときは are を使います

be 動詞を変化させて（　）の中に入れてみましょう
1. I (　　　) sick two days ago, but I (　　　) OK now.
2. (　　　) careful. The road (　　　) frozen.
3. My parents (　　　) in England last week, but they (　　　) back in Japan.

そういうなれそめだったのね

4. 動詞の -ed 形は形容詞として使うと表現が大きく広がります

-ed 形は、過去のことを表す以外に、「〜された」という受け身の意味でも使えます

canned food 缶詰

以下の食品名を日本語に訳してみよう
- boiled eggs　（　　　）
- cooked rice　（　　　）
- bottled water　（　　　）
- iced tea　（　　　）
- smoked ham　（　　　）
- fried chicken　（　　　）
- mixed salad　（　　　）

（　）の中に適当な -ed 形を入れて表現してみよう
- (　　　) car （中古車）
- (　　　) paper （色紙）
- (　　　) soldiers （武装した兵士）

canned food は「缶に詰められた食べ物」、すなわち「缶詰」というわけだね

5. 不規則に変わる動詞の３番目の形も形容詞としてよく使われます

「凍らす」という意味の動詞 freeze は、freeze froze frozen と変化します

People <u>freeze</u> meat to keep it fresh. ［現在形］
　（人々は肉を新鮮に保つために凍らせます）

２番目の形の froze は過去のことを表すときに使います
My father <u>froze</u> the fish he caught. ［過去形］
　（父は釣った魚を凍らせた）

３番目の形の frozen は「凍らされた」という意味で、受け身の意味の形容詞としてもよく使われます
These oranges are <u>frozen</u>. ［３番目の形：受け身の文］
　（このオレンジは冷凍されている）
<u>Frozen</u> pizza is easy to cook. ［３番目の形：形容詞］
　（冷凍ピザは調理しやすい）

冷凍食品 (frozen foods) にもいろいろあるね

以下の食品の日本語訳を（　）に入れてみよう
　　frozen vegetables (　　　　)、frozen pasta (　　　　)、frozen peas (　　　　)、
　　frozen pork (　　　　)、frozen chicken (　　　　)、frozen desserts (　　　　)

6. -ed 形や３番目の形と副詞を組み合わせてみよう

I met a <u>properly</u> dressed lady at the party.
（パーティーできちんとした身なりの女性に会った）

<u>formally</u> dressed lady（正式な服装をした女性）
<u>casually</u> dressed lady（カジュアルな服装をした女性）
<u>fashionably</u> dressed lady（ファッションセンスの良い服装をした女性）
<u>decently</u> dressed lady（品の良い服装をした女性）
<u>neatly</u> dressed lady（こぎれいな服装をした女性）

properly を別の語に変えるといろいろ言えるよ

（　）の中の語を適当な形に変えて表現してみよう
1. I saw some (bad) (injure) passengers in the station.
　　（ひどい怪我をした乗客を駅で見た）
2. *The New York Times* is a (wide) (read) newspaper.
　　（ニューヨークタイムズは広く読まれている新聞です）
3. Mr. Smith took us to a (beautiful) (decorate) room.
　　（スミスさんは私たちを美しく装飾された部屋に案内した）

7. 動詞の -ed 形の前に接頭語をつけると、意味をいろいろと変えられます

「調理された」という意味の cooked にいろいろな接頭語をつけてみよう

- pre-：　　precooked meat（事前に調理してある、調理済みの肉）
- un-：　　 uncooked rice（調理していない、生の米）
- under-：　undercooked chicken（調理不足の、生焼けの鳥）
- over-：　 overcooked spaghetti（調理しすぎた、ゆですぎのスパゲッティ）
- re-：　　 recooked udon（再調理されたうどん）

（　）の中の語を適当な形に変えて表現してみよう
1. These vegetables are (wash).
   （この野菜は事前に洗ってある）
2. My brother is still (marry).
   （うちの兄はいまだに結婚していない）
3. Many teachers are (work) these days.
   （多くの教師は働き過ぎである）

8. 動詞の -ed 形や 3 番目の形を使うと、感情や気持ちをうまく表わせます

My mother was very surprised.
（母は大変驚きました）

（　）の中の語を適当な形に変えて、どういう気持ちなのか言ってみよう
1. I am (tire). I don't want to do anything.
2. What a beautiful picture! I am (move).
3. Another awful accident. People are (shock).

（　）の中に適当な語を入れて表現してみよう
1. We are (　　　　) in your new idea.
   （私たちはあなたの新しい考えに関心を持っています）
2. I was quite (　　　　) by his speech.
   （私は彼の演説にひどく感銘を受けた）
3. Students were (　　　　) with Dr. Saito's lecture.
   （学生たちは斉藤博士の講義に退屈していた）

Dialogue

Hiromi: You got a great suntan!

Kazu: Yes. I went to Hawaii with my family.

Hiromi: Oh, did you? How long were you there?

Kazu: Five days

Hiromi: Did you have a good time?

Kazu: Of course. The weather was good. Every day we had a late breakfast on the beach and went scuba diving in the afternoon.

Hiromi: I am envious.

Kazu: One evening, we took a sunset cruise.

Hiromi: How was it?

Kazu: Fantastic! Everyone was nicely dressed. We ate wonderful Hawaiian food and danced.

Hiromi: Sounds like you had a lot of fun there. Did you go shopping?

Kazu: You bet.

Hiromi: I hope you remember to get something for me.

第4課　-ed

発展問題

1. （　）の中に適当な語を入れて、表現してみよう

   1. The concert (　　　) at 8 pm and (　　　) at 1 am.
      （コンサートは午後8時に始まり、午前1時に終わった）

   2. When I (　　　) little, I often (　　　) my parents to (　　　) a picture book.
      （小さい頃よく両親に絵本を買ってとねだったものだ）

   3. The headteacher (　　　) that "(　　　) gentlemen" (　　　) our school motto.
      （校長先生は、「紳士たれ」が我が学校の校訓であると言った）

   4. The lawyer (　　　) about the problems (　　　) couples often face.
      （弁護士は再婚した夫婦がしばしば直面する問題について語った）

   5. All the products are (　　　) at (　　　) prices.
      （全ての製品は定価で売られている）

2. （　）の中の語を適当な形に変えて表現してみよう

   1. Put some tea in a (heat) teapot and pour some (boil) water.
      （あらかじめ温めておいた急須にお茶を入れ、一旦沸かしたお湯を注ぎます）

   2. We (stay) at a well (place) hotel for sightseeing in Kyoto.
      （私たちは京都で観光に絶好な場所にあるホテルに泊まった）

   3. Yuko (be) (delight) with the invitation to the party.
      （祐子はパーティーの招待状に喜んだ）

   4. This is a (new) (build) training center for (educate) and (skill) people.
      （これが新しく建てられた教育や技能のない人たちの訓練所だ）

   5. Some (qualify) researchers are (employ) in some (develop) countries.
      （先進国では資格が必要以上ある研究者であっても職が無いことがある）

第5課　be + 形容詞

1. 形容詞は名詞の前や be 動詞の後に付けて使います

pretty flower （きれいな花）
This floor is pretty.
（この花はきれいです）

基本的には同じ事を言っているね

This ~ is (形容詞). の文を使って言い換えてみよう
　　cold water →
　　expensive car →

国名の形容詞形は名詞を修飾するだけでなく、その人々や言語の名前が表せて便利です

Japan	Japanese	Japanese anime	Japanese
日本	日本（人）の	日本のアニメ	日本人、日本語

以下の国名の形容詞形を書き入れてみよう

China　　(　　　　) restaurant　　France　　(　　　　) wine
England　(　　　　) breakfast　　Germany　(　　　　) beer
America　(　　　　) movies　　　Russia　　(　　　　) songs

2. -able や un- を付けていろいろな形容詞を作ってみよう

This photocopy is read<u>able</u>.
（このコピーは鮮明で読みやすいです）

able という語は、いろいろな語の後について、「〜できる、〜に適している」という意味の語を作ります
readable には、「楽しく読める、読みやすい」という意味もあります

This book is read<u>able</u> for kids.（この本は子供でも楽しく読める）

(　　) の中の語を -able 形にして表現してみよう
　　This water is (drink).（この水は飲んでも大丈夫です）
　　The price of gasoline is (reason)（ガソリンの値段は妥当です）

-able や un- を付けるだけで、ドンドン新しい単語が作れるんだ、便利ー

さらにこれらの語の先頭に un- をつけると、「〜できない」という意味になります
This photocopy is <u>un</u>readable.（このコピーは判読不可能です）

(　　) の中の語の形を変えて、表現してみよう
　　This water is (drink).（この水は飲めません）
　　The price of gasoline is (reason).（ガソリンの値段は論外です）

第 5 課　　　　be + 形容詞

3. -ful や -less を付けていろいろな形容詞を作ってみよう

My motorbike is useful for going to school.
（私のバイクは学校に行くのに便利です）
But on a snowy day it is useless.
（でも、雪の日は使い物になりません）

use+ful は「use が full（いっぱいある）」「使い勝手が良い、便利な」という意味です。use+less は「use が less（ない）」「使えない、役に立たない」という意味です

-ful と -less を使っていろいろな形容詞を作ってみよう
　　　color（色）　　　　（　　　　）（色彩のある）　　（　　　　）（色の無い）
　　　power（力）　　　　（　　　　）（力のある）　　　（　　　　）（力がない）
　　　meaning（意味）　　（　　　　）（意味のある）　　（　　　　）（意味がない）

（　　）の中の語を適当な形に変えて表現してみよう
　　　Thank you. You are so (help).
　　　　（ありがとう、助かるわ）
　　　We are (help) against natural disasters.
　　　　（私たちは自然災害に対してどうしようもできない）

4. 形容詞に -er や more を付けて、いろいろと比べてみよう

Can I have a larger wine glass, please?
（もっと大きなワイングラスをいただけますか）

larger wine glass と -er 形にすると、「より大きなワイングラス」という意味になります

以下の形容詞に -er を付けて訳してみよう
　　　big fish → (　　　　　) fish
　　　high temperature → (　　　　　) temperature

expensive のような長めの形容詞には more を付けて比べます
Vegetables are more expensive.（野菜はもっと高い）

比べる対照は than を使ってその後で述べます
（　　）の中に適当な語を入れて比べてみよう
　　　My hometown is (　　　　)(　　　　) Hirosaki.
　　　　（私の故郷は弘前よりも小さいです）
　　　Italian sports cars are (　　　)(　　　)(　　　) Japanese sports cars.
　　　　（イタリアのスポーツカーは日本のより人気がある）

27

5. 最上級を使って1番と言ってみよう

> Horyuji temple was built in 607.
> Yakushiji temple was built in 698.
> Kofukuji temple was built in 669.

一番古い寺はどれでしょうか？
　Which temple is the old<u>est</u>?

「最も古い」と言うには、old の後に、-est を付けて oldest にすると表現できます

最も人気のある寺はどれでしょう
　Which temple is the most popular?

popular のように長い形容詞は most を付けて1番を表します

（　）の中に適当な語を入れて、「1番」を言ってみましょう
　Do you know the (　　　　) river in Japan?
　　（日本で一番長い川を知っていますか）
　Which TV is the (　　　　) (　　　　) in this store?
　　（どのテレビがこの店で一番高いですか）

6. 前置詞句を使って形容詞の内容をもっと詳しく述べてみよう

> **I am good.** （私はすごいのだ）

I am good at computer science.（コンピュータサイエンスが得意です）
I am good at making salad.（サラダを作るのが得意です）

「〜が不得意、〜するのが不得意」は、以下のように言います
Ken is weak at math and science.
　（健は数学と科学が苦手だ）
Yasuo is bad/poor at communicating with others.
　（康夫は他とコミュニケーションを取るのが下手だ）

（　）の中に適当な語を入れて、表現してみよう
　Arisa was (　　　　) (　　　　) the good service.
　　（亜里彩は素晴しいサービスに満足しました）
　Yusuke is (　　　　) with (　　　　) for the school trip.
　　（祐介は修学旅行の支度で忙しい）

ずいぶん自信があるわね

7. 形容詞の後に不定詞を使ってそう感じる理由を詳しく述べてみよう

I am ready.
（さぁ、準備OK、いつでもいいぞ）

I am ready to start up a new company.
　（新たに会社を立ち上げる準備ができている）
このように、to ＋動詞で、何をする準備ができているのかが言えます

Rintaro is able to speak five languages.（麟太郎は5カ国語が話せます）
We are happy to see you.（お会いできて嬉しいです）
able や happy の後にも to ＋動詞を使って、その理由を説明できます

（　　）の中に適当な語を入れて、表現してみよう
　Mary was (　　　　) (　　　　) get a package from Kyoko.
　　（メリーは京都から小包が着いて嬉しかった）
　Ryutaro is (　　　　) to (　　　　) physics in English.
　　（龍太郎は物理学を英語で講義することができる）
　I am (　　　　) to be (　　　　).（遅れてすみません）

やけに張り切ってるけど、これから何をするんだろう

8. そう感じる理由を述べてみよう

I am sure.（私は確信している）

何を確信しているのだろう

I am sure (that) Japan will win.
　（日本が勝つに決まっている）

sure の後で、何について確信しているのかを文の形で表現します

afraid（心配している）、aware（気がついている）、disappointed（がっかりしている）happy（嬉しい）、sorry（すまない）などの後にも that 節を使って理由を表現できます

I am aware that Keiji is not sick.
　（啓示が病気ではないことを私は気づいている）

（　　）の中に適当な語を入れて、そう思う理由を述べてみよう
　Mr. Suzuki was (　　　　) that his salary was raised.
　　（鈴木さんは給料が上がってうれしかった）
　I was (　　　　) that trains were delayed.
　　（列車が遅れているんじゃないか心配した）

Dialogue

Yuki: How is your new apartment?

Koji: Well, the rent is reasonable and the room is comfortable.

Yuki: You seem quite happy with it.

Koji: Well, not really. The next door neighbors play loud music at night.

Yuki: I'm sorry to hear that. Why not ask them to turn it down?

Koji: I did, but they turned it up again. I'm not good at persuading people.

Yuki: Then talk to the landlord. I'm sure he can solve the problem for you.

Koji: Hmm, that may be a good idea.

Yuki: A quiet environment is one of the most important things, you know.

Koji: You're right. I'm glad I talked to you.

第 5 課　　be + 形容詞

発展問題

20 (　　) に中に適当な語を入れてみよう

1. Everyone was (　　　　) to have such an (　　　　) dinner.
   (誰もがあのような楽しい夕食をいただき、満足であった)

2. They do not know what is (　　　　) and what is (　　　　) here.
   (彼らは、ここでは何が許され、何が許されないのか分かっていない)

3. This room is (　　　　) and more (　　　　) for your birthday party.
   (この部屋の方が君の誕生日会には大きくて向いているだろう)

4. The new engine is (　　　　) but (　　　　) powerful.
   (新しいエンジンは小さくなったが、パワーはアップした)

5. It is (　　　　) to spend a lot of money on such a (　　　　) project.
   (このような役に立たないプロジェクトに多くに資金を費やすのは意味が無い)

6. The crew made the (　　　　) efforts to save (　　　　) passengers.
   (乗組員は一人でも多くの乗客を助けるために最大限の努力をした)

7. My son went to high school in Germany, and learned (　　　　) and (　　　　).
   (うちの息子はドイツの高校に行ってフランス語とロシア語を習った)

8. I am (　　　　) at remembering people's names, but (　　　　) at figures.
   (私は人の名前を覚えるのは得意だが、数字には弱い)

9. You are (　　　　) to say the residents are (　　　　) of a forest fire.
   (住民は森林火災を恐れているというのは正しい)

10. We become (　　　　) with (　　　　) the house at the end of the year.
    (年末になると私たちは家を掃除するのに忙しい)

第6課 in(to) と out (of)

1. in は、ある場所や空間の中にいることを示します

Where is Ken? （健はどこにいるの）
Ken is in New York now.
（今ニューヨークにいます）
He will be in Washington next week.
（来週はワシントンです）

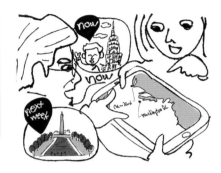

in 以下で、健がどこにいるのかを示しています

A: Where are you?（今どこにいるんだ）
B: I'm in a mountain cottage.（山小屋の中だ）

何がどこにあるのか言ってみましょう

The driver (　　　) still in the (　　　).
　（運転手はまだ車内にいる）

My school uniform and textbooks (　　　) in my (　　　).
　（制服と教科書はバッグの中にあります）

in は平面だけでなく、囲まれた空間の中にいることも表すんだ

2. in は自然現象や社会的状況の中にいる時にも使えます

We were in the sun. （日の当たる所にいました）
We were in the rain. （雨の中にいました）

in は、天候や自然の中にいる時も表現できます

どのような自然の中にいるのか表現してみましょう

A young couple (　　　) (　　　) the moonlight.
　（若いカップルが月明かりの下にいた）

Some children are playing (　　　) the (　　　).
　（子供たちは雪の降る中で遊んでいる）

in は、職業などの分野に携わっていることも表します

どのような職業で働いているのかを言ってみましょう

I have been (　　　) the (　　　) business for 20 years.
　（銀行業に 20 年携わっている）

Many people in Malta (　　　) in the tourist (　　　).
　（マルタでは多くの人が観光に携わっている）

太陽の光の中にいる、詩的な言い方ね

3. in は冠詞のない抽象化した名詞と共によく使われます

Takako was in bed at 11 p.m.
（貴子は 11 時には寝ていた）

冠詞がないと、その物の本来の役目を行っていることを意味します

Almost all the children are in school in Japan.
　（学校にいる→教育を受けている）
I got very sick and was in hospital for two weeks.
　（病院にいる→治療を受けている）

動詞的な表現も be in 動作名詞で状況を表現できます
They are in love with each other.
　（彼らはお互いに愛し合っている）

（　）の中の動詞を適当な名詞に変えてみよう
　I was in (converse) with Mary then.
　　（私はそのときメアリーと会話をしていた）
　Eight subway lines are in (operate) in this area.
　　（8つの地下鉄線がそのエリアで運行している）

そうか、ベッドの中にいる
→寝ているということか

4. in は方法や視点・観点なども表します

She dances in her own way.
（彼女は自己流でダンスを踊ります）

way を使って、以下のユニークさについて表現してみよう
　The festival is unique in (　　　) (　　　).
　　（その祭りは多くの点で独特です）
　(　　　) what (　　　) am I unique?
　　（私はどういう点でユニークですか）

in は色、言語などを表すときに使います
（　）の中に適当な語を入れて表現してみよう
　The wall was painted (　　　) (　　　) and white.
　　（壁は赤と白に塗られていた）
　Signs are written (　　　) Japanese and (　　　).
　　（標識は日本語と英語で書かれています）

なるほど、文字通り
我が道を行く踊り方
ですな

5. into の使い方

Police officers stormed into the hiding place.
(警察はアジトに突入した)

into は、そこに行くだけでなく中に入ることが暗示されます

日本文を参考にして、into を使って表現してみよう

Tom (　　　) (　　　) the cave with Mary.
(トムはメアリーと一緒に洞窟の中に入っていった)

I (　　　) Aya (　　　) the fancy French restaurant.
(私は絢を素敵なフランスレストランに連れて入った)

だから in と to が合体して into って言うようになったんだ

A into B で、状況や状態が A から B に変化することを意味します
(　　) の中に適当な語を入れて表現してみましょう

Let's divide the class (　　　) three small (　　　).
(クラスを3つの小グループに分けましょう)

Can you put this document (　　　) (　　　)?
(この書類を韓国語に直せますか)

6. in の反対は out (of) です

I am in the house.
(私は家の中にいます)
I am out of the house.
(私は家の外にいます)

最初の文は「家という空間の中にいる」という意味ですが、2番目の文は「家という空間の外にいる」という意味です

魚はどこにいるのでしょうか、話し合ってみましょう

The fish is in the icebox.
The fish is out of the icebox.

(　　) の中に適当な語を入れて表現してみよう

Did you put your bicycle (　　　) the garage or is it still (　　　) (　　　) the garage?
(自転車は車庫に入れましたか、それともまだ外ですか)

You better keep the (　　　) out of the (　　　).
(犬を部屋から出しておいた方がいいよ)

第6課　in(to) と out (of)

7. in と out of は抽象的な語と対になって使われます

Jun was in bed.
（純は寝ていた）
Jun was out of bed.
（純は目が覚めていた）

be in の反対が be out of という関係は、冠詞のない名詞でも同じように使えます
in school で「在学中、学教教育を受けている」という意味なので、
Hideki was out of (　　　) when he was 16.
　（秀樹は16歳で学校をやめた／出た）

in order で「順番に並んでいる」と言うことなので、
These names are (　　　) (　　　) order.
　（名前は順序不同です）

be out of bed で、ベッドの外にいる→目が覚めているというわけか

(　) の中に適当な語を入れて表現してみよう
　I am finally (　　　) (　　　) debt.
　　（ようやく借金を返済した）
　I am glad my father is out of (　　　).
　　（父が危険な状態を脱出してよかった）

8. out of はいろいろな意味で使えます

Tired! I am completely out of energy.
（疲れた！エネルギーがまったくない）

out of ～で、「～が無い」という意味になります
out of ～で、そうする理由や動機も表現できます
Jiro asked that question out of curiosity.
　（次郎は好奇心からその質問をした）

out of ～で、「～を材料に使って」という意味です
Can you believe this flower is made out of paper?
　（この花は紙から作られているなんて信じられる）

(　) の中に適当な語を入れて表現してみよう
　Hurry up. We are almost out of (　　　).
　　（急いで、時間がないんだから）
　The company made sake out of (　　　).
　　（その会社は木から酒を醸造した）

エネルギーが切れたわけだな

Dialogue

A: I heard that Japanese wives are usually in charge of the family budget. Out of curiosity, is that true?

B: Yes. Traditionally, husbands give their paychecks to their wives.

A: So Japanese women really are in control of the household?

B: Yes. They not only run the household but do the banking as well. They keep the family out of debt as well as make investments.

A: Wow, that's surprising! In the U.S., husbands are traditionally in control of the money.

B: No kidding?

A: They give a portion of their paychecks to their wives for food and daily expenses. But they pay the rent and do the banking.

B: I'm surprised. I thought American wives were very powerful.

A: Not really. Many wives complain they don't receive enough money.

B: It seems that, in many ways, Japanese women have more power than American women.

第 6 課　　in(to) と out (of)

7. in と out of は抽象的な語と対になって使われます

Jun was in bed.
（純は寝ていた）
Jun was out of bed.
（純は目が覚めていた）

be in の反対が be out of という関係は、冠詞のない名詞でも同じように使えます
in school で「在学中、学校教育を受けている」という意味なので、
Hideki was out of (　　　　) when he was 16.
　（秀樹は 16 歳で学校をやめた／出た）

in order で「順番に並んでいる」と言うことなので、
These names are (　　　　) (　　　　) order.
　（名前は順序不同です）

be out of bed で、ベッドの外にいる→目が覚めているというわけか

(　　) の中に適当な語を入れて表現してみよう
　I am finally (　　　　) (　　　　) debt.
　　（ようやく借金を返済した）
　I am glad my father is out of (　　　　).
　　（父が危険な状態を脱出してよかった）

8. out of はいろいろな意味で使えます

Tired! I am completely out of energy.
（疲れた！エネルギーがまったくない）

out of ～ で、「～が無い」という意味になります
out of ～ で、そうする理由や動機も表現できます
Jiro asked that question out of curiosity.
　（次郎は好奇心からその質問をした）

out of ～ で、「～を材料に使って」という意味です
Can you believe this flower is made out of paper?
　（この花は紙から作られているなんて信じられる）

(　　) の中に適当な語を入れて表現してみよう
　Hurry up. We are almost out of (　　　　).
　　（急いで、時間がないんだから）
　The company made sake out of (　　　　).
　　（その会社は木から酒を醸造した）

エネルギーが切れたわけだな

Dialogue

A: I heard that Japanese wives are usually in charge of the family budget. Out of curiosity, is that true?

B: Yes. Traditionally, husbands give their paychecks to their wives.

A: So Japanese women really are in control of the household?

B: Yes. They not only run the household but do the banking as well. They keep the family out of debt as well as make investments.

A: Wow, that's surprising! In the U.S., husbands are traditionally in control of the money.

B: No kidding?

A: They give a portion of their paychecks to their wives for food and daily expenses. But they pay the rent and do the banking.

B: I'm surprised. I thought American wives were very powerful.

A: Not really. Many wives complain they don't receive enough money.

B: It seems that, in many ways, Japanese women have more power than American women.

第6課　in(to) と out (of)

発展問題

1. (　　) の中に適当な語を入れてみよう

   1. I want to live (　　　　) Tokyo and work (　　　　) the suburbs.
      （私は東京に住んで、郊外で働きたい）

   2. Kiyomi is (　　　　)(　　　　) law school, and is now working as a lawyer.
      （清美は法科大学院を卒業し、弁護士として働いている）

   3. Can you please translate this letter (　　　　)(　　　　)?
      （この手紙を中国語に訳していただけますか）

   4. Oh, no! We are (　　　　)(　　　　) gas.
      （えぇ！ガス欠だ）

   5. They cook rice (　　　　) the (　　　　) way but eat it in a (　　　　) way.
      （彼らはお米を私たちと同じように炊きますが、違う食べ方をします）

2. (　　) の中に入る適当な語句を [　　] の中から選んでみよう

   1. Our project is (　　　　), and it will finish within a year.
      （私たちのプロジェクトは進行中であり、年内に終了します）

   2. His speech style and the theme are (　　　　).
      （彼のスピーチの仕方やテーマは時代遅れだ）

   3. All the players are (　　　　), ready to play baseball.
      （全選手が位置に着き、野球をする準備ができた）

   4. How many young people were (　　　　) last month?
      （どれくらいの若者が先月に失業していましたか）

   5. The new no-smoking law was (　　　　) last year.
      （新しい禁煙に関する法律が昨年より施行された）

   [in force, in progress, in place, out of date, out of work]

第 7 課　on と off と at

1. on の基本的な使い方

A nice tea cup and a piece of cake are on the table.
（素敵なティーカップとケーキがテーブルの上にあります）

tea cup や cake と table はどのような位置関係にあるのでしょうか

以下の文では何が何の上にあるのでしょうか
（　　）の中に適当な語を入れて言ってみよう
　　Look! A ladybug is (　　　　) the (　　　　).
　　　（見ろよ、テントウムシが水の上にいるぞ）
　　Your glasses (　　　　) (　　　　) the dresser.
　　　（君のめがねが化粧台の上にあるよ）
　　Hundreds of (　　　　) are (　　　　) the shelves.
　　　（何百冊もの本が棚にある）

are と場所を表す on があるから、table の上にあることが分かるわね

2. on は、必ずしも上に位置しなくとも、接していれば使えます

Nearly 8 billion people are living on the earth.
（80 億近くの人が地球上に住んでいます）

There is a big poster of Las Vegas on the door.
　（ラスベガスの大きなポスターがドアに貼ってある）
Biblical stories are painted on the ceiling of the cathedral.
　（聖書の物語がカテドラルの天井に描かれている）

通り、川、路線などに接しているのも on が使えます
My house is on the Sakura-dori street.
　（私の家は桜通りにあります）

以下の on はどういう意味でしょうか
（　　）の中に適当な語を入れて表現してみよう
　　The (　　　　) of cherry blossoms is on the (　　　　) Sumida.
　　　（その桜の公園は隅田川沿いにある）
　　(　　　　) is on the (　　　　) Line.
　　　（川越は東武東上線沿線にある）

なるほど、地球の上にくっついていれば on が使えるんだ

第7課　onとoffとat

3. on は後に来る名詞が機能していることを暗示します

以下の文の意味はどう違うのでしょうか

I am in the train.
I am on the train.

最初の文は、「電車の中にいる」という意味です
2番目の文は、「電車に乗っている」という意味で、
乗っている電車が運行されていることを暗示します

on は、機器などが使用・機能していることを意味します
on を使って表現してみよう

　　Sorry, (　　　　) is on the (　　　　).
　　　（すみませんが、彼女は電話中です）
　　A new (　　　　) will be on (　　　　).
　　　（新しい番組がテレビで放送されます）

だから「電車に乗る」を get on the train と言うんだ

4. on と off は反対です

電灯のスイッチや電気製品のスイッチの所に on、off とよく書いてあります

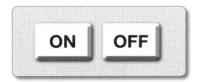

この on は、電線が接触していて電流が流れるという意味です
反対に、off とは電線どうしが離れて、
電流が流れない状態を指します

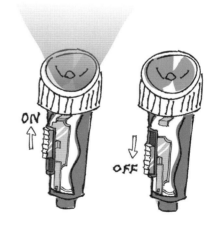

以下の文はどういうことを表しているでしょうか
　　The lights are on.
　　The lights are off.

以下の文の on と off の違いはどうでしょう
　　The restaurant is (　　　　) the Keyaki-dori (　　　　).
　　　（レストランはけやき通りにあります）
　　The restaurant is 100 meters (　　　　) the Keyaki-dori (　　　　).
　　　（レストランはけやき通りから100メートル入った所にあります）

けやき通りに接しているから on で、通りから100メートル離れているから off なんだ

5. off の離れている感覚は、いろいろなところでよく使われます

All the items are 20% off (the regular price).
（定価よりも 20% 離れている、20% 引き）

Mr. Watanabe is off (duty/the job) today.
（渡辺さんは今日は休みです）

I want to buy a off-road bike.
（一般道路以外を走る自転車が欲しい）

どの例も、定価、仕事、一般道路から離れた状況を意味しています

こんな off の使い方もあります
off を使って言ってみよう
　　Let's be (　　　　)!（さぁ、出発しよう）
　　The summer vacation is still long way (　　　　).
　　　（夏休みはまだかなり先のことだ）
　　It's my day (　　　　) today.
　　　（今日はお休みです）

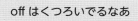

off はくつろいでるなあ

6. at は点のような場所を指し示すときに使います

The burglar aimed his gun at the security camera.
（強盗は監視カメラに銃の狙いを定めた）

He died at the age of 102.
（彼は 102 歳で亡くなった）

Water freezes at 0 degrees centigrade.
（水は摂氏零度で凍る）

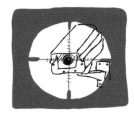

at は物ごとを点のように捉えて厳密に表現するときに使います

at を使って厳密に言ってみよう
　　The restroom is (　　　) the (　　　) of the platform.
　　　（トイレはプラットフォームの端にあります）
　　The war broke out (　　　) the beginning of the new (　　　).
　　　（戦争は新しい世紀の最初に起こった）
　　(　　　) what temperature does water (　　　)?
　　　（水は何度で沸騰しますか）

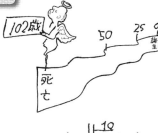

ずいぶんと正確な表現だなぁ

第7課　onとoffとat

7. まとめ　in と on と at の使い分け（場所）

in は広い場所や空間の中にいる感じ、on は何かに接している感じ、at は点のような所の感じです

> **Beautiful tropical fish are swimming in the sea.**
> （美しい熱帯魚が海の中を泳いでいる）
>
> **People are on the frozen lake, enjoying skating.**
> （人々は凍った湖の上でスケートを楽しんでいる）
>
> **A very small insect is at the tip of the pin.**
> （とても小さな昆虫がピンの先にとまっている）

ただし、その使い分けは感覚的なことが多いです

（　）の中に場面にあった前置詞を入れて表現してみよう
　We are (　　　) the station.
　　（スマホの地図にある駅を示して言うとき）
　We are (　　　) the station.
　　（実際に駅の構内にいるとき）

なるほどね、結構感覚的なんだ

8. まとめ　in と on と at の使い分け（時や時間）

in は比較的長いと感じる時間の単位と使います
Many typhoons hit Japan in 2004.
　（たくさんの台風が2004年に日本に上陸した）

on はそれほど長くないと感じる時間の単位と使います
The sports day will be on Friday, 25th.
　（運動会は25日金曜日です）

at はピンポイントに感じるような時刻を表すときに使います
The concert will start at 4:30 in the evening.
　（コンサートは夕方の4時30分に始まります）

（　）の中に適当な語を入れて表現してみよう
　My birthday is (　　　)(　　　).（私の誕生日は5月です）
　There is a good news show (　　　)(　　　)(　　　).
　　（日曜の朝にはよい報道番組がある）
　Lunch is (　　　)(　　　).（昼食は正午です）

Dialogue

 A: Hi. This is ~~. Where are you now?

 B: I'm at work.

A: Can I ask you to do me a favor?

B: Sure. How can I help?

A: Well, I'm on the Shinkansen.

B: Really? Are you on vacation?

A: Yes. I'm off work for the next 5 days.

B: Where are you heading to?

A: I'm on my way to Kyoto. But can I ask you to water my flowers.

B: The flowers out in front? Sure, no problem.

A: Thank you so much. That will be a great help.

第7課　onとoffとat

発展問題

1. （　）の中に適当な語を入れてみよう

    1. Political slogans were written (　　　) the (　　　).
       （政治的なスローガンが壁に書いてあった）

    2. There are many unique animals (　　　) the Galapagos Islands.
       （珍しい動物がガラパゴス諸島にいます）

    3. Many interesting presentations (　　　) (　　　) the Internet.
       （たくさんの面白いプレゼンがインターネット上にある）

    4. I thought you (　　　) (　　　) a diet.
       （ダイエット中ではなかったのですか）

    5. My house is about 200 meters (　　　) the (　　　).
       （私の家は海岸から 200 メートルほどの所にある）

2. （　）の中に ［　］ の中から適当な語を選んで入れたり、自分で適当な語を考えて入れたりして、文を完成してみよう

    1. New smartphone models are on (　　　) (　　　) the hall.
       （新しいスマホのモデルが会場に展示されている）

    2. Are you on (　　　) or on (　　　)?
       （御旅行ですかお仕事ですか）

    3. The shrine is (　　　) the (　　　) of 2,900 meters above sea level.
       （その神社は標高 2,900 メートルの地点にある）

    4. That was the biggest volcanic eruption (　　　) the 20th (　　　).
       （それは 20 世紀最大の火山噴火でした）

    5. The episode is (　　　) (　　　) 38 in your textbook.
       （その話は教科書の 38 ページにあります）

    [business, century, holiday, page, point, show]

第8課 have

1. have の元々の意味は手の中に持っているという意味です

What do you have in your hand?
（手に何持ってるの）

「手に持っている」だけでなく、「所有」も意味します
Mr. Sato has a huge summer cottage in Furano.
　（佐藤さんは富良野に大きな夏の別荘を持っている）

have は家族関係についても表現できます
He has a large family: three boys and two girls.
　（彼の家は大家族で、息子が3人、娘が2人います）

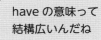
have の意味って結構広いんだね

（　）の中に適当な語を入れて表現してみよう
　Children (　　　) so many cherries (　　　　) their (　　　　).
　　（子供たちはたくさんのサクランボを手に持っていた）
　Gee, how many (　　　) do you (　　　　)?
　　（いったい何台車を持っているんだい）
　Do you (　　　) any brothers or (　　　　)?　（兄弟はいますか）

2. have は抽象的な意味の語も目的語に取れます

Do you have time? （時間がありますか）

have は時間に関係した事柄も目的語に取れます
Do you have the time? （今何時ですか）

have は抽象的な意味の名詞を目的語に取れます
I have a problem with my classmate.
　（クラスメートと問題があります）
I want to visit Malta if I have a chance.
　（機会があればマルタ島を訪れたい）

the が付くと時刻を聞いていることになるよ

（　）の中に適当な語を入れて have を使って表現してみましょう
　Oh, no. I don't (　　　) (　　　　) to finish my lunch.
　　（あらやだ、お昼を済ませる時間もないわ）
　I (　　　) trouble (　　　　) the station in Helsinki.
　　（私はヘルシンキで駅を見つけるのに苦労した）

3. have を使うと、病気の症状について表現できます

Do you have a fever? (熱がありますか)
Yes. I have a low fever. I have a sore throat too.
（はい、微熱があるようです。喉も痛いです）

「風邪を引いている」は have a cold です

have は身体的な特徴についても表現できます
You have beautiful dark eyes and sweet lips.
　（君は美しい黒い瞳とかわいらしい唇をしているね）

(　)の中に適当な語を入れて、痛みや身体的特徴について表現してみよう

　I no longer (　　　) a lower (　　　).
　　（腰痛が治った）
　Do you have a (　　　) in your (　　　)?
　　（両膝が痛いですか）
　What a shock! I (　　　) some (　　　) hairs.
　　（ショック、白髪があるわ）

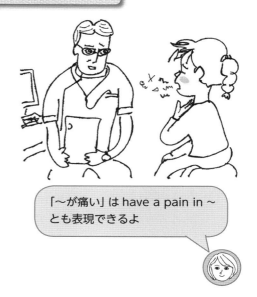

「〜が痛い」は have a pain in 〜 とも表現できるよ

4. 社会的な催しや行事や予定なども have を使って表現できます

We are going to have our wedding soon.
（もうすぐ結婚式ね）
Yes, we will have a big wedding reception too.
（そうだね、盛大な披露宴もやるんだ）

学校の授業や試験、医者の診察も have で表せます
How many English classes do you have a week?
　（1週間に幾つ英語のクラスを取っていますか）

have を使って表現してみよう

　Let's (　　　) a (　　　) to celebrate his graduation.
　　（彼の卒業を祝ってパーティーをやろう）
　I will (　　　) an oral (　　　) this coming Thursday.
　　（今度の火曜日に口頭試験があります）
　My dad (　　　) an (　　　) for lung cancer.
　　（父は肺がんの手術を受けました）

「結婚式」や「卒業式」は、あえて ceremony を付けなくてもいいんだよ

5. 食べたり飲んだりすることも have を使って表現できます

What do you want to have for lunch?
（お昼になにを食べようか）

I want to have pizza.
（ピザがいいな）

Did you have breakfast this morning?
　（今朝朝ごはんを食べましたか）
Shall we have a cup of tea or coffee?
　（紅茶かコーヒーでもいただきませんか）

have を使って表現してみよう
　You should (　　　) (　　　　) when you visit Sapporo.
　　（札幌に行ったらラーメンを食べなきゃ）
　This is the best (　　　) I have ever (　　　　).
　　（こんなにうまい寿司は初めてだ）

have を使うと eat や drink よりも上品に聞こえるわね

6. 動作名詞が目的語としてよく使われます

Have a look! （ちょっと、見て！）

Have a look! は Look! と同じような意味です

名詞にすることで、形容詞でいろいろと修飾できます
He had a quick/good/close look at the paper.
　（彼は書類をサッと / じっくりと / よく見た）

コミュニケーション上のやりとりも表現できます
May I have your attention, please?
　（ご案内申し上げます）

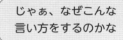

じゃぁ、なぜこんな言い方をするのかな

have ＋動作名詞でいろいろと表現してみよう
　You (　　　) a perfect (　　　　) to my question.
　　（私の質問に対して完璧な答えですね）
　Let's (　　　) a (　　　　) on the bench.
　　（ベンチに座って話そう）
　Children (　　　　) a dreamless (　　　　).
　　（子供たちは夢を見ないほどぐっすり寝た）

第8課　　have

7. have を使って様々な感情を表現できます

I have a feeling that Moe likes you.
（萌は君のことを好きなんじゃないか）

have と feeling を結びつけると感情や気持ちや印象が表現できます

I have a strong feeling against smoking in public.
　（公共の場所での喫煙に対して強い嫌悪感を持っている）

have a feeling that ~ で、「~という感じがする」という意味です
She had a feeling that she would not see him again.
　（彼女は彼に二度と会えないような気がした）

have を使って、以下の感情を表現してみよう
　　I don't (　　　) a (　　　　　) feeling about him.
　　　（彼に対していい感情は持っていない）
　　I (　　　) a (　　　　　) that Koji is not good at math.
　　　（浩二は数学が得意じゃないんじゃないかなぁ）

Oh, what a good feeling I have!
なんて言ってみたいね

8. have と knowledge などを組み合わせると、いろいろと表現できます

Young people these days have a good knowledge of SNS.
（今日の若い人は SNS に詳しい）

knowledge の前にいろいろな修飾語を付けることができます

Ryo has a basic/practical/working/speaking/reading knowledge of Chinese.
　（亮は中国語の基本的な／実用的な／実践的な／話す／読む力がある）

information、authority、power、sense などと組み合わせてみよう
　　Do you (　　　) any further (　　　　) about it?
　　　（もっと詳しいことをご存じですか）
　　Who (　　　) the (　　　　) to hire new workers in this store?
　　　（この店では誰が新たに人を雇う権限を持っているのですか）
　　The general (　　　)(　　　　) to order the attack.
　　　（将軍が攻撃を決定する力を持っていた）
　　I am glad he (　　　) a good (　　　　) of humor.
　　　（彼にはユーモアのセンスがあるので嬉しい）

動詞の know よりもこの方がいろいろ使えていいかもね

Dialogue

A: Do you have some time?

B: Why do you ask?

A: I'd like to have a quick conversation with you.

B: Do you have a problem?

A: Yes, I don't think I can get along with the new manager.

B: I thought you said you had a high opinion of him.

A: Well, at the beginning I did. But now I don't have a good feeling about him.

B: Why is that?

A: He dose not listen to us. He tries to do everything in his way.

B: Thank you for telling me. I think I will have a talk with him.

A: Please don't tell him what I said.

B: Don't worry. I won't.

A: Thank you so much.

第8課　have

発展問題

1. （　）の中に適当な語を入れてみよう

　1. What did you (　　　) for (　　　)?
　　（朝食に何を食べましたか）

　2. My grandma is 90 years old, but she still has (　　　) (　　　).
　　（私のお祖母さんは90歳ですが、いまだに目がいい）

　3. Koji has a good (　　　) for people's (　　　) and (　　　).
　　（浩二は人の名前と顔を覚えるのが得意だ）

　4. I (　　　) a (　　　) in my right knee.
　　（右膝が痛い）

　5. Let's (　　　) a (　　　) before we go home.
　　（家に帰る前に一杯やろう）

2. [　]の中から適当な語句を選んで、（　）の中に入れてみよう

　1. Do you have a (　　　) with us?
　　（当行に普通預金口座をお持ちですか）

　2. Mr. Endo had (　　　) getting a new job.
　　（遠藤さんは新しい仕事を見つけるのに苦労した）

　3. Some old people have (　　　) about same sex marriage.
　　（年配の人は同性婚に複雑な気持ちをいだいている）

　4. Do you have a (　　　) of accounting?
　　（実用的な会計学の知識がありますか）

　5. Do you have a (　　　) of purpose in life?
　　（人生において目的意識はありますか）

[difficulty、mixed feeling、savings account、sense、working knowledge]

第9課　go

1. go とは、今いるところから移動を開始することです

On your mark, get set, go!
（位置について、用意、ドン！）

どこに行くのかは to の後に言います

Where are you going?（どこに行くの）
I'm going to the library.（図書館に行くんだ）

行き先を（　）の中に入れて表現してみよう

　　I want to go to the (　　　　).
　　　（トイレに行きたい）
　　Sorry, I have to go to a (　　　　) now.
　　　（すみませんが会議に行かねばなりません）
　　Is this bus going to (　　　　)?
　　　（このバスは浅草に行きますか）

いかにも、今いるところから飛び出していく感じが出てるね

2. go to の後の目的地に冠詞がない表現

What time did you go to bed last night?
（昨晩、何時に寝ましたか）

6課で be in bed で「寝ている」って習ったけど、それと同じ？

この go to bed も「ベッドに行く」ではなく「寝る」という意味です

以下の文中の行き先にも冠詞が付いていません
Children go to school at the age of six.
　（子供たちは6歳になると学校で勉強します）
You really look bad. You should go to hospital.
　（だいぶ悪そうだ、病院で診てもらった方がいい）

（　）の中に適当な語を入れてみよう
　　She went to (　　　　) only for two years.
　　　（彼女は大学に2年間しか行っていない）
　　Not many young people go to (　　　　) these days.
　　　（最近の若い人は余り教会に行かない）

3. 上の方に上がっていくのが go up、下の方に下がってゆくのが go down です

Oh, shoot! One elevator is going up.
（ちぇ、一台は上に上がって行くし）
The other is going down. We missed both.
（もう一台は下に行っていく、両方とも乗り遅れた）

どこまで上って、あるいは下って行くのかは to 以下で言います

The elevator went up to the 10th floor.
　（エレベーターは 10 階まで上がっていった）
The elevator went down to the 1st floor.
　（エレベーターは 1 階まで下っていった）

go と up で上に行く、go と down で下に行くというわけだね

(　) の中に適当な語を入れてみよう
　The hikers (　　　)(　　　) to the (　　　) of the mountain.
　　（ハイカーたちは山の頂上まで登った）
　Then, they (　　　)(　　　) the same route to the (　　　)(　　　).
　　（その後、山小屋を目指して同じ山道を下っていった）

4. go into ~ は~の中には行ってゆく、go out of ~ は~の外に出て行くことです

Jack went into the post office.
（ジャックは郵便局の中に入っていった）
Betty went out of the bank.
（ベッティーは銀行の外に出て行った）

Yumi went into the storage shed to get some tools.
　（由美は道具を取りに倉庫に入っていった）
The burglar went out of the house with the money.
　（強盗は金を持って家から出て行った）

(　) の中に適当な語入れて表現してみよう
　Do you want to go into (　　　　　) after you graduate?
　　（卒業後、実業界に行きたいですか）
　Suddenly, a bird went out of the (　　　　　).
　　（突然、鳥が窓から飛び去っていった）

どこの位置から見ているのかが重要なんだね

5. go on はあることが続くこと、go off はその場を離れていくこと

> **What's going on there?**
> (そこで何をやってるんだい)
> **Amundsen went off to the North Pole.**
> (アムンゼンは北極に向かって出発した)

go on でいろいろなことが継続していることを表します
The song went on and on. (その歌は延々と続いた)

go off は、「電灯が消える」、「爆発する」などの意味もあります
All the lights went off. (明かりが全て消えた)

( ) の中に適当な語を入れて表現してみよう
　The professor (　　) (　　) explaining the theory.
　　(教授はその理論について説明し続けた)
　The students (　　) (　　) to the ski resort.
　　(学生たちはスキー場に出発した)
　A timed (　　) went (　　) at the airport.
　　(空港で時限爆弾が爆発した)

> The lights are off.
> The lights went off.
> We turned off the lights.
> みんな off だね

6. go for は〜を求めて、go through は〜をくぐって、go over は〜を越えてゆくが原義です

> **Our team will go for the championship.**
> (私たちのチームは優勝を目指します)
> **The car went through the gate.**
> (車はゲートをくぐっていった)
> **We will go over the mountain to the sea.**
> (私たちは山を越えて海に向かって進みます)

会話で、「頑張れ!」と応援するときは、Go for it! と言います

( ) の中に適当な語を入れて言ってみよう
　We are (　　) (　　) (　　) dinner.
　　(夕食を食べに出かけます)
　The cat (　　) (　　) the kitchen.
　　(猫は台所を通り抜けていった)
　The bridge (　　) (　　) a wide river.
　　(その橋は広い川に架かっている)

> go for はいかにも何かに向かって突き進んでいる感じが出てるなぁ

7. go は become の意味でもよく使われます

The parents went mad to hear that.
(親たちはそれを聞いて怒った)
Her face went red with embarrassment.
(彼女は恥ずかしさで顔が赤くなった)
We are afraid that our bank may go bankrupt.
(うちの銀行は倒産するかもね)

( ) の中に適当な形容詞を入れて言ってみよう
Ken ( ) ( ) with a motorbike.
(健はオートバイに夢中になった)
Pupils ( ) ( ) when the movie started.
(生徒たちは映画が始まるとおとなしくなった)
Food ( ) ( ) quickly in summer.
(夏は食べ物がすぐに腐る)

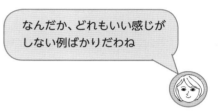

なんだか、どれもいい感じがしない例ばかりだわね

8. 状況などが推移するという意味もあります

How's it going?
(どう、うまくいってる)
So far, it's going well.
(今のところ、順調だよ)

この go は「事が推移する」といった漠然とした意味で、things などもよく主語として使われます

go well の反対は、go wrong です
Why did it go wrong?
(どうしてうまくいかなかったんだろう)

( ) の中に入れて表現してみよう
Let's see how ( ) are ( ) so far.
(今のところどうなのか見てみよう)
If anything ( ) ( ), let me know.
(何かあったら、言ってください)

日本語だって、「うまく行く」って言うじゃない

Dialogue

 A: Look at those police cars going down the street at full speed.

 B: I wonder what's going on.

A: I don't know. Let's go and see.

B: Look. Those policemen are going into that house.

A: Two others are going around to the back.

B: Oh, no! All the lights went off!

A: I hope nothing's gone wrong!

B: Did I just hear a gun go off?

A: Yes. I think we should go.

B: Go where?

A: Let's go back the way we came.

第9課　go

発展問題

（　）の中に適当な語を入れてみましょう。

1. Please (　　　) (　　　) the supermarket and get some onions.
   （スーパーに行ってタマネギを買ってきてくれる）

2. Those who do not pay the fine must (　　　) to (　　　).
   （罰金を払わない者は裁判所に出頭しなければならない）

3. Stock prices may (　　　) (　　　) before the election.
   （株価は選挙の前に上がるでしょう）

4. I am not (　　　) (　　　) the details of this question.
   （この質問については詳細に立ち入ることはしません）

5. Mika went (　　　) the (　　　) slowly and quietly.
   （美佳は階段をゆっくりとそして静かに下りていった）

6. I set the alarm clock to (　　　) (　　　) at 4 am next morning.
   （私は目覚まし時計を翌朝の4時に鳴るようセットした）

7. I don't know why, but everything she did (　　　) (　　　).
   （どうしてか分からないが、彼女がやることは全て裏目に出た）

8. The train (　　　) (　　　) the tunnel (　　　) the snow country.
   （列車はトンネルを抜けて雪国に入っていった）

9. This is a good chance to win. We should (　　　) (　　　) (　　　).
   （これは勝つためにはまたとない機会だ、やってみよう）

10. Many small stores (　　　) (　　　) after the recession.
    （不況の後で多くの小規模商店は倒産した）

第10課 come

1. 向こうからやって来るが come の基本的な意味です

Don't worry. See. The train is coming.
（心配いらないよ、ほら、電車が来るだろう）

確かにこっちに向かってやって来る感じね

come を進行形で使うと、近い未来を表します

The president is coming in a moment.
　（会長はすぐにおいでになります）
The cherry blossom season is coming soon.
　（桜の季節がもうすぐ来ます）

会話では、come and 動詞という形でよく使われます
　（　　）の中に適当な語を入れて言ってみよう
　　　（　　　　）（　　　　）sit down here with us, Kenji.
　　（健二、こっちに来て一緒に座らないか）
　　　（　　　　）and（　　　　）me sometime, Maaya.
　　（たまには遊びに来てよ、真綾）

2. 話題となっているところに移動する come

Thank you. I will come to your office at 12:30.
（ありがとうございます、それでは12時30分に伺います）

話題になっている場所に行く場合は go ではなく come を使います

Dinner is ready! を言われ、「今、行きます」と答えるには
I'm coming! です

I'm going! と言うと、どこか別の場所に行くように聞こえます

We are going out for lunch. Do you want to come with us?
　（お昼を食べに行くんだけど、一緒に行かないか）

最初の文では、外に出て行くので go を使いますが、
2番目の文では相手を誘っているので、come を使います

　（　　）の中に適当な語を入れて表現してみよう
　　Please wait. I'm (　　　　　　　) in a second.
　　　（待ってください、今行きますから）

これって、みんな go じゃないの？

3. どこから来たかは from で表します

Marco Polo came to China all the way from Venice in the 13th century.
(マルコポーロは 13 世紀にはるばるベニスから中国に来ました)

What country do you come from?　I am from Japan.
　(どの国から来ましたか、日本からです)

一般的に「どこからおいでになりましたか」と聞く場合は、
Where are you from? がよく使われますが、
具体的な国を聞く場合には上記のような聞き方が多いです

come from は産地や出典なども表します
This whisky comes from Scotland.
　(このウイスキーはスコットランドで生産されたものです)

(　　) の中に適当な語を入れて表現してみよう
　The (　　　) pajama came (　　　　) Hindi.
　　(パジャマという語はヒンズー語から来ました)
　All of them (　　　) (　　　　) working-class families.
　　(全員が労働者階級の家庭の出身です)

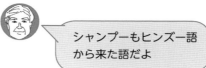

シャンプーもヒンズー語
から来た語だよ

4. come in(to) と go out (of) は内から見た反対の動作です

Just before the police came in, the thief went out.
(警察が入ってくる直前に、泥棒は出て行った)

come in は外から中に入ること、「A の中に入る」は come into A と表現します
"Come in!", I said. So, Mary came into my office.
　(私が「お入りください」と言ったので、メアリーは私の研究室に入って来た)

これって家の
中から見た出
来事だよね

go out は内から外に出ること、「A の外に出る」は go out of A と表現します
Kaoru said "Let's go out.", so we all went out of the store.
　(薫が「出よう」と言ったので、皆店から出た)

(　　) の中に適当な語を入れて表現してみよう
　A nice breeze (　　　) (　　　) her room.
　　(そよ風が彼女の部屋に入ってきた)
　A good (　　　) suddenly came (　　　)
　my head/mind.
　　(突然、名案がひらめいた)

5. come out (of) と go in(to) は外から見た反対の動作です

> **Mr. Wada went into the barn but soon he came out with a cow.**
> (和田さんは家畜小屋に入っていったが、すぐに牛をつれて出てきた)

外から見てある場所に入ってゆくのは go in(to)、出て来るのは come out (of) です

Boys went into the bamboo forest to get some bamboo shoots.
　(少年たちはタケノコを採りに竹藪に入った)
A cute dog came out of the car.
　(かわいらしい犬が車から出てきた)

(　) の中に適当な語を入れて表現してみよう
　Gramma came (　　　) (　　　) (　　　) last week.
　　(お祖母さんは先週退院した)
　More new (　　　) (　　　) out after the research.
　　(新たな事実が調査の後次々と出てきた)
　This red paint won't (　　　) (　　　) however hard I wash it.
　　(この赤いペンキは、いくら洗っても落ちない)

これは家畜小屋の外から見た風景だわね

6. 下から上がってくるのが come up、上から下りてくるのが come down

> **A: This elevator is coming up.**
> (このエレベーターは上がってくるぞ)
> **B: And that one is coming down. How lucky we are!**
> (あっちのは下りてくるわ、何て運がいいんでしょう)

自分のいる位置に向かって上がってくるのが come up、下りてくるのが come down です

The temperature is coming down.
　(高かった気温が下がってきた)
The humidity is coming up.
　(乾燥していた空気が潤ってきた)

(　) の中に適当な語を入れて表現してみよう
　It became light when the sun (　　　) (　　　).
　　(日が昇ると辺りが明るくなった)
　The rain will (　　　) (　　　) soon.
　　(もうすぐ雨が降るよ)

7. come on と come off

> **Come on, boys! Let's go!** （何をぐずぐずしているんだ、行くぞっ！）

come on は、相手をせきたてたり、勇気づけたり、威嚇したりするときに使います

Girls, come on! You can do it.
（大丈夫、やればできるわよ）

「（電灯や機械）が on の状態になる」ことも意味します
All the lights came on, and the show started.
（全ての照明がつき、ショーが始まった）

come off で「物が外れる」ことを意味します

（　）の中に適当な語を入れて表現してみよう
　The door knob (　　) (　　) when I turned it.
　（回したらドアの取っ手が取れてしまった）
　The stickers came (　　) your (　　).
　（ステッカーがスーツケースからはがれた）

叱咤激励してるね

8. come to ＋名詞・動詞で、到達地や結果などを表現します

> **Many foreign tourists come to Japan these days.**
> （最近は、海外から多くの旅行客が日本にやってきます）

地名以外にもいろいろな名詞や動作名詞、あるいは動詞が続きます

His long speech finally came to an end.
（彼の長い演説がようやく終わった）
The locomotive came to a stop at the station.
（機関車は駅で停車した）
This amusement area comes to life in the evening.
（この歓楽街は夕方になると活気づく）

（　）の中に適当な動作名詞や動詞を入れて言ってみよう
　The two parties came to different (　　　) on this issue.
　（2つの政党はこの問題で異なる結論に達した）
　We have gradually come to (　　　) why this is so difficult.
　（私たちは少しずつなぜそれが難しいのか理解し始めてきた）

come to ＋地名で、その地に来るいう意味だね

Dialogue

A: Oh, you're home! When did you come home?

B: I came in just now. Sorry to surprise you.

A: The rain is really coming down, isn't it?

B: Yeah, a car splashed me, as I was coming out of the station. I'm drenched.

A: Go and change your clothes. When you come down, put them in the washer.

B: OK. I'm afraid these stains won't come out.

A: Come on, don't worry. I'll take care of it.

B: Thanks. … What's this? It looks yummy.

A: Cake. My friend, who just came back from Germany, came over today.

B: She brought this all the way from Germany? Wow.

第 10 課　　come

発展問題

1. （　）の中に適当な語入れて表現してみよう

   1. (　　) and (　　) some food, everyone.
      （皆さん、食べ物を取りに来てください）

   2. He (　　) (　　) a middle-class family.
      （彼は中流階級の出です）

   3. A beautiful mountain (　　) (　　) view.
      （きれいな山が視界に入ってきた）

   4. My son's baby/milk tooth (　　) (　　) last week.
      （息子の乳歯が先週抜けた）

   5. The water (　　) (　　) to the houses when the rain (　　) (　　).
      （雨が降り、水かさが家まで上がってきた）

   6. It was embarrassing that one of my shoes had (　　) (　　) in the 100-meter dash.
      （100 メートル走で靴が脱げ恥ずかしい思いをした）

2. （　）の中に入れる適当な語を [　] のなから選んで、表現してみよう

   1. I will never come to (　　) with the (　　) of my dog.
      （私は自分の犬の死をどうしても受け入れられない）

   2. More new (　　) came to (　　) in the investigation.
      （さらに新たな証拠が調査で明らかになった）

   3. It shouldn't take long to come to a (　　) (　　).
      （早急に最終的な結論に達するべきである）

   4. The island came to be (　　) (　　) the paradise in the Pacific.
      （その島は太平洋の楽園として知られるようになった）

   [as、death、decision、evidence、final、known、light、terms]

第11課 put

1. どこに置くのかは場所を表す語によって決まります

(　) の中に適当な語を入れて、場所や位置を表してみましょう

I put the key (　　　) the box.
　　　　　　　（箱の中に入れる）
　　　　　　(　　　) the table.
　　　　　　　（テーブルの上に置く）
　　　　　　(　　　) the chair.
　　　　　　　（椅子の下に置く）

He put the lantern (　　　).（ランタンをかざす）
　　　　　　　　　(　　　).（ランタンを置く）
　　　　　　　　　(　　　).（ランタンを外に出す）
　　　　　　　　　(　　　).（ランタンを中に入れる）

> putだけじゃどこに置くのか決まらないんだね

2. 「中に入れる」という意味の put in と put into

I put my suitcase in a coin-operated locker at the station.
（スーツケースを駅のコインロッカーに入れた）

put A in B で「AをBの中に入れる」、put in A で「Aを設置する」という意味になります

I put 200,000 yen in my savings account.
　（普通預金口座に20万円預金した）

Our school decided to put in the newest computers.
　（うちの学校は最新のコンピュータを設置することを決めた）

put A into B は、AをBの中に入れる、変化させる過程に注目した表現です

(　) の中に適当な語を入れて表現してみよう

He (　　　) his hand (　　　) his pocket to take out his wallet.
　（彼は財布を取ろうとポケットの中に手を入れた）

My job is to (　　　) the documents into different (　　　).
　（私の仕事はこれらの書類を他の言語に翻訳することです）

3. 「外に出す」の put out と put out of

Put the dog out (of the house).
（犬を家の外に出してちょうだい）

上記の結果、
The dog is out (of the house).（犬は（家の）外に出ている）
ということになります

The company put the ropeway out of operation.
　（会社はロープウェーの運行を中止した）
As a result, the ropeway is out of operation.
　（その結果、ロープウェーは運行していない）

 operation の外に出したとは、運行を中止するということなのか

（　）の中に適当な語を入れて表現してみよう
　（　　　）（　　　）the kitchen waste/garbage on Wednesday.
　（生ゴミは水曜日に出してください）

　The economic slump put some companies (　　　) of (　　　).
　（不景気でいくつかの会社が倒産した）

4. put A on と put A on B

Put your jacket on.
（ジャケットを着なさい）
Put your jacket on the hanger.
（ジャケットをハンガーに掛けなさい）

on は、接触していること、put はそのような位置関係に物を動かすことです

Lucy put the kettle on (the fire/stove) and made tea for us.
　（ルーシーはやかんを直火 / コンロに掛けてお茶を入れてくれた）
The nurse put a bandage on my cut.
　（看護婦は傷にバンドエイドを貼った）
The doctor put me on a diet for six weeks.
　（医者が私に6週間のダイエットを指示した）

 the fire/stove を言わなくとも同じような意味になるよ

（　）の中に適当な語を入れて表現してみよう
　Put the (　　　)(　　　) when you study.
　（勉強するときは電気を点けなさい）
　You look healthy. Did you (　　　)(　　　) weight?
　（ずいぶん健康そうね、体重が増えたの）

5. put A off と put A off B

Put your hands off the bank teller!
（手を銀行員から離しなさい）

手を銀行員から off（離れた状態）まで put（移動せよ）ということです

Put the lights off when you leave the room.
　（部屋を出るときは電気を消しなさい）

「(明かりなどを) 消す」は、turn off や switch off なども使えます

Please put me off at the nearest station.
　（一番近い駅で離す→降ろしてください）

「(車両などから) 乗客を降ろす」は、let off や drop off も使えます

The teacher put the mid-term exams off until next Tuesday.
　（先生は中間試験を来週の火曜まで離した→延期しました）

これも中間試験を来週の火曜まで離れた所に置いたと言うことだね

( )の中に入れて表現してみよう
　The outdoor concert was (　　　) (　　　) due to the heavy rain.
　　（野外コンサートは大雨のため延期された）

6. put up は、何かを上げることです

The President has promised to put up a wall along the border.
（大統領は国境に壁を築くことにした）

Let's put up the tent and stay here tonight.
　（ここにテントを張って今晩泊まろう）
We put up a huge poster on the bulletin board.
　（私たちは大きなポスターを掲示板に貼りました）
I put up more shelves to store my increasing number of books.
　（増え続ける本を収納するために棚をもっと作った）

put up は、「増やす」あるいは「泊める」という意味もあります

( )の中に適当な語を入れて表現してみよう
　They put the gasoline (　　　) (　　　) again this week.
　　（今週またガソリンの値段を上げた）
　He kindly (　　　) (　　　) up on the snowy night.
　　（彼は親切にも雪の晩一晩泊めてくれた）

promise to ～ で～することを約束し、実際にそうしたことを意味します

7. put down の元々の意味は下に置くことです

He put his bag down on the floor.
（彼はバッグを床の上に置いた）

put A down で「A を下ろす、下に置く、書き留める、鎮圧する、見下す」などという意味がありますが、どれも A を下に置く感覚が感じられます

The driver put his foot down hard on the brake.
　（運転手はブレーキを強く踏みこんだ）
The riot police put down the demonstrators with tear gas.
　（機動隊は催涙弾を使ってデモ隊を鎮圧した）

( ) の中に適当な語を入れて表現してみよう
　The woman quickly put (　　) his PIN (　　) the paper.
　　（その女は彼の暗証番号を急いで紙に書き留めた）
　Our boss often (　　) his men (　　) in the meeting.
　　（うちの上司はよく自分の部下を会議で馬鹿にする）

put down は
ドサッと感があるよね

8. put の面白い使い方

The farmers put an end to growing rice.
（農家の人たちは稲作をやめました）

Let's put all the broken pieces of the pot together.
　（壊れた壺のかけらを集めて壺を作ってみよう）
Put away your textbooks and notebooks.
　（教科書とノートをしまいなさい）
It is our task to put things right in the next few days.
　（今後数日の間に事態を正常に戻すのが私たち仕事です）

( ) の中に適当な語を入れて表現してみよう
　Mr. Mair put his management skills (　　) good (　　).
　　（マイヤー氏は自分の経営の手腕を存分に活用した）
　We better put our new idea (　　)(　　) soon.
　　（新しい考えを早速実行に移した方がいいぞ）

終わりにするというのを、end を put すると表現するんだ

Dialogue

A: Where did you put the key?

B: I put it in your bag.

A: Oh, thanks. Here it is. Would you help me put away the groceries?

B: Sure, I'll bring them in from the car.

A: Oh, as you go out, would you put the dog out. It's been inside all day.

B: No problem.

A: I don't want to put pressure on you, but would you put the garbage out, too.

B: OK. Then I think I'll put together the dog house we bought.

A: It's getting dark. I think you should put that off till tomorrow.

B: It's not that hard. I'll put on the porch lights.

第11課　put

発展問題

1. （　）の中に適当な語入れて表現してみよう

1. I helped my host family to (　　　) the silverware (　　　) on the table.
   （私はホストファミリーがテーブルの上に銀食器を出すのを手伝った）

2. Why don't you (　　　) our meeting (　　　) until Mr. Sato comes back from Italy?
   （佐藤さんがイタリアから戻ってくるまで会議を延期したらどうだろう）

3. We need to put (　　　) the cost before putting (　　　) the price.
   （価格を上げる前にコストを下げる必要がある）

4. The firefighters tried hard to (　　　) the fires in the tower (　　　).
   （消防士はタワーの火事を消そうと奮闘した）

2. （　）の中に入る適当な語を［　］の中から選んで表現してみよう

1. She put on some (　　　) and fresh (　　　) before the party.
   （パーティーの前に、彼女は香水をつけ新たに化粧をした）

2. Her parents put a lot of (　　　) into their daughter's (　　　).
   （彼女の両親は娘の教育に多額のお金をつぎ込んだ）

3. The series of murders put people in (　　　).
   （連続殺人事件は人々を恐怖に陥れた）

4. The company decided to put the ropeway into (　　　) again.
   （会社はロープウェーの運行を再開することを決めた）

5. I don't know how to put this (　　　) in (　　　).
   （この気持ちをどう言葉で表してよいのか分からない）

6. The man was put to (　　　) for his crime.
   （その男は犯罪を犯したため処刑された）

［death、education、fear、feeling、make-up、money、operation、perfume、words］

第12課　take

1. take の元々の意味は、手でつかみ取るイメージです

My wife took some bananas from the shelf and put them in the cart.
（私の妻は商品棚からバナナを取ると、カートに入れた）

A young lady took a pearl necklace out of the case.
　　（若い女性が真珠のネックレスをケースから取り出した）
He took some money from his pocket and gave it to the cashier.
　　（彼はポケットからお金を取り出すと、会計係に渡した）

take を使うと引き算も表現できます

(If you) take five from eight, you get three.
　　（8から5を取ると3を得る　8－5＝3）

（　　）の中に入れて表現してみよう
Mitsuki (　　　　) some food (　　　　) the dish and (　　　　) it on her plate.
　　（美月は食べ物を皿から取り、自分の皿に乗せた）
(　　　　) 23 from 50, you (　　　　) 27.
　　（50－23＝27）

2. take A to B で、A を B まで連れて行くという意味です

Kanta kindly took an old woman to the bus stop.
（寛太は親切にもお婆さんをバス停まで連れて行ってあげた）

We planned to take Dr. Leech to Nikko for sightseeing.
　　（リーチ博士を日光に観光に連れて行く計画を立てました）
The wounded people were taken to hospital.
　　（負傷者は病院に運ばれた）

人だけでなく道路や交通機関も主語になれます

（　　）の中に適当な語を入れて表現してみよう
　　This Interstate Highway (　　　　) you all the way (　　　　) Chicago.
　　　（この高速道路はシカゴまで行っている）
　　The Hayabusa Superexpress takes (　　　　) to (　　　　)
　　in four and half hours.
　　　（新幹線のハヤブサに乗ると、4時間半で函館まで行く）

3. 交通機関を利用する take

Let's take a taxi to the station. It is faster.
(駅までタクシーで行こう、その方が早い)

交通手段として乗り物を利用するときも take を使います

Most of our students take the subway to school.
　(うちの学生たちはたいてい通学に地下鉄を使います)
You better not take the bus. It takes more time.
　(バスは利用しない方がいいよ、もっと時間がかかるから)

( )の中に適当な語を入れて表現してみよう
　(　　　) the Yamanote Line to (　　　　　),
　and change to the Odakyu.
　　(山手線で新宿まで行き、小田急線に乗り換えなさい)
　We took a plane (　　　　) Okayama (　　　　) Nagasaki.
　　(私たちは長崎から岡山まで飛行機で行きました)

このtakeの使い方は、行き方を教えるときに便利かもね

4. 授業や試験を受けたり、様々なものを利用することにも take は使えます

How many courses are you going to take next semester?
(来学期はいくつぐらいクラスを取りますか)

I am going to take math and Japanese in the summer term.
　(夏学期に数学と日本語のクラスを取ります)
We need to take both the oral and written exams.
　(私たちは口頭試験と筆記試験の両方を受ける必要がある)
Koji will take two job interviews exams today.
　(浩二は今日就職面接を2つ受けます)

( )の中に適当な語を入れて表現してみよう
　Don't (　　　　) (　　　　　) inside the building.
　　(館内は撮影禁止です)
　Hiromi (　　　　) a (　　　　) twice a day.
　　(裕美は1日に2回シャワーを浴びます)

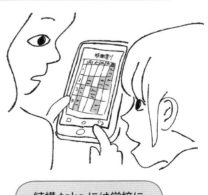

結構 take には学校に関係した表現があるね

5. 時間や労力がかかると言うときの take

It takes time to grow love.
（愛をはぐくむのには時間がかかる）

It takes a lot of time and effort to finish one research project.
　（1つの研究を仕上げるには大変な時間と手間がかかる）
Don't worry. It won't take long.
　（心配いらない、すぐに終わるから）
It takes years to produce a good whiskey.
　（いいウイスキーは出来上がるまでに何年もかかる）

「慌てなくてもいいよ」って Take your time. って言うんだって

take には、受け止める、受け入れる、理解するなどの意味もあります

（　　）の中に適当な語を入れて表現してみよう
　We are (　　　　) this (　　　　) very seriously.
　　（私たちはこの問題を真剣に受け止めています）
　Don't (　　　　) me wrong.
　　（どうか誤解しないで欲しい）

6. take は動作名詞や抽象名詞を目的語に取り、多彩な意味を表します

The doctor was taking a good long look at the X-ray.
（医師はそのレントゲン写真をじっと長々と見ていた）

look を名詞として使うと、形容詞を使っていろいろな「見方」を表現できます

Take a deep breath. Hold it.
　（息を大きく吸って、止めて）
She is good enough to take care of her parents.
　（彼女は感心なことに自分の両親の面倒を見ている）
The first modern Olympics took place in Athens in 1896.
　（第一回近代オリンピックは1896年にアテネで開催された）

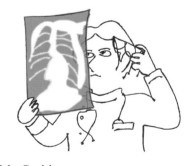

（　　）の中に適当な語を入れて表現してみよう
　Let me (　　　　) this (　　　　) to say thank you to Mr. Smith.
　　（この機会にぜひスミスさんにお礼を申し上げたい）
　Japan (　　　　) (　　　　) in the Olympics for the first time in 1912.
　　（日本は1912年に初めてオリンピックに参加した）

7. take up/down の基本的な意味と使い方

> **She took her baggage up to the 10th floor.**
> （彼女は自分の荷物を10階まで持って運んだ）

take up は、「上の方に持って行く」、「(議題などを) 取り上げる」という意味です

Let's take this problem up in the next class.
　（この問題は次の授業で取り上げよう）

take down は、「下に下ろす」、「取り壊す」、「書き取る」という意味です

(　　) の中に適当な語を入れて表現してみよう
　The shop owner (　　　　) the signboard (　　　　) from the roof.
　　（店主は店の看板を屋根から下ろした）
　We took (　　　　) the old cabin and put (　　　　) a new log house.
　　（私たちは古い山小屋を取り壊して、新しいログハウスを建てた）
　Take (　　　　) my (　　　　) correctly.
　　（私からの伝言を正確に書き取ってください）

take down はどれも下の方向に動かす感じだね

8. take off / on の基本的な意味と使い方

> **He took off his hat and bowed politely.**
> （彼は帽子を取り、丁寧にお辞儀をした）

帽子を頭から移動させて (take) 離す (off) → 「帽子を取る」ということです

Cabin crews, take a seat. We will take off in a moment.
　（客室乗務員は着席してください、間もなく離陸します）
Ruriko took a week off and went to Bali.
　（瑠璃子は1週間休暇を取ってバリに行った）

take on は、「人を雇う」、「(仕事などを) 引き受ける」という意味です

「離陸」とは飛行機を陸地から離すことか

(　) の中に適当な語を入れて表現してみよう
　More companies will (　　　　) (　　　　) college graduates this year.
　　（より多くの会社が今年は大卒を採用します）
　You better not (　　　　) on any more (　　　　).
　　（もうこれ以上仕事を引き受けない方がいい）

Dialogue

A: Would you take this suitcase downstairs for me? It's too heavy for me.

B: No problem. Wow, it is heavy!

A: Take a deep breath before you pick it up.

B: Oh! It's too heavy for me too. You need to take some things out of it.

A: All right. Would you take the keys out of the bag behind you.

B: OK, here you are. Take a good look and take out anything you really don't need.

A: Yeah, it would be hard to take this heavy thing all the way to the airport.

B: Well, while you're doing that, I'm going to take a shower.

A: OK. This may take me a while.

B: No problem. Take your time.

第12課　take

発展問題

1. (　) に中に適当な語を入れて表現してみよう

   1. I want to (　　　) 20 dollars (　　　) (　　　) my savings account, please.
      (普通預金から20ドル引き出したいのですが)

   2. This train will (　　　) (　　　) straight to Yokohama China Town.
      (この電車は横浜中華街まで直通です)

   3. We (　　　) the nine o'clock Nozomi Superexpress bound for Hakata.
      (私たちは9時発の博多行きののぞみに乗りました)

   4. We will make a short stop to (　　　) (　　　) some passengers at the next station.
      (次の駅で乗客を乗せるためにちょっと停車します)

2. [　] の中から適当な語句を選んで、(　) の中に入れて表現してみよう

   1. The police officer took (　　　) by the hand and took him to (　　　).
      (警官は強盗の手をつかみ、警察署に連れて行った)

   2. People don't want to take (　　　) when it comes to money.
      (お金のことになると、人々はリスクを取りたくない)

   3. Don't take it (　　　). She did it unintentionally.
      (個人攻撃として取らないで、わざとやったのではないんだから)

   4. Do you know how (　　　) it takes to get to Singapore by plane?
      (シンガポールに行くのに飛行機でどのくらい時間がかかりますか)

   5. The judge took (　　　) of the fact that she was raised in a poor family.
      (裁判官は彼女が貧しい家庭で育ったことを考慮に入れた)

   6. Why not take (　　　) of this occasion and ask him some questions?
      (この機会に是非彼に質問をしたらどうですか)

   [account、advantage、the burglar、much time、personally、the police station、a risk]

第13課　give

1. give の最も基本的な意味は、「(物やお金を) 人にあげる」ことです

My father gave me 10,000 yen to buy a new pair of shoes.
(父は私に新しい靴を買うようにと1万円くれた)

give は、相手に所有権を渡すことを意味します
目的語を入れ替えても同じような意味になります

I gave a concert ticket to Yurika.
　(コンサートのチケットを友梨佳にあげました)
I gave Yurika a concert ticket.
　(友梨佳にコンサートのチケットをあげました)

(　) の中に適当な語を入れて表現してみよう
　His family (　　　) (　　　) a red vest to celebrate his 60th birthday.
　　(家族は彼の還暦を祝って赤いちゃんちゃんこを送りました)
　The city mayor (　　　) a tea set (　　　) citizens who become 100.
　　(町長はお茶のセットを100歳になった町民に贈呈します)

後に来る目的語の方が強調されるんだ

2. give は、物や情報などを渡すことも意味します

Give him your ticket. He needs to check it.
(車掌さんに切符を渡しなさい、調べてるのよ)

Give me a smaller screwdriver.
　(もっと小さいドライバーを取ってくれないか)

物でなく情報を渡すことも give でよく表現します

Give me your name and student number.
　(名前と学籍番号を教えてください)
Let me give you some examples of it.
　(それについていくつか例を挙げてみよう)

(　) の中に適当な語を入れて表現してみよう
　Can you (　　　) me a (　　　)?
　　(スプーンを取ってください)
　This JR timetable (　　　) you all the (　　　) you need to know.
　　(この時刻表にはJRについて必要な情報が載っている)

この give は pass と同じような意味だわね

3. give の目的語には時間や機会に関する目的語がよく使われます

Give me one month, and I will build a castle.
（1ヶ月下されば、城を建ててご覧に入れましょう）

Will you give me five more minutes, please?
　（あと5分延長してくれませんか）
The teacher did not give us enough time to answer the questions.
　（先生は設問に答えるのに必要な時間をくれませんでした）

時間の他に、機会や人生と言った事柄も使われます

（　）の中に適当な語を入れて表現してみよう
　We should (　　　) everyone the same (　　　　).
　　（全員に同じ機会を与えるべきです）
　The lady (　　　) her entire (　　　) to the poor people.
　　（その女性は人生を全て貧しい人々のために捧げた）

時間をくれと言うことだな

4. give の目的語には抽象的な意味の名詞が使われます

My wife gave birth to a boy last month.
（私の妻は先月男の子を出産しました）

give birth to ~ で、「~を出産する」という意味です

give way で、「（壁などが）崩れる」「膝がガクッとなる」
などの意味があります

The block fence gave way and a pupil was killed.
　（ブロック塀が崩れて、生徒が死亡した）
My knees gave way at the end of a marathon.
　（マラソンの最後で膝がガクッと崩れた）

英語では「~に誕生を与える」って言うんだ、感激！

give way to ~ とすると、「~に道を譲る、譲歩する」という意味になります

（　）の中に適当な語を入れて表現してみよう
　Drivers must (　　　)(　　　)(　　　) pedestrians.
　　（ドライバーは歩行者に道を譲らねばならない）

5. コミュニケーション上の動作名詞

The lawyer gave me advice to report the damages to the police.
（弁護士は、被害届を警察に出すよう私に助言しました）

advice（助言）、question（質問）、answer（答え）、warning（警告）、notice（通知）などコミュニケーション上のやり取りなどは、give を使って伝えることができます

Who can give me the answer to that question?
　（どなたかその質問に答えられますか）

reason（理由）、evidence（証拠）、account（説明）、instruction（指示）、detail（詳細）についても、give を使ってやり取りができます

（　）の中に適当な語を入れて表現してみよう
　You (　　　) a good (　　　) for changing the policy.
　　（やり方を変えるための説得力のある理由を挙げました）
　He did not (　　　) us a clear (　　　) of why we need do so.
　　（なぜそうすべきかについて、彼から明快な説明はなかった）

give を使うとこんなにいろんなやり取りができるんだ

6. その他の動作名詞

I want to give a good impression at the job interview.
（私、面接で印象をよくしたいの）

How about giving more financial support to the students?
　（学生にもっと財政的な支援をするのはどうだろうか）
The governor gave some thought to the next election.
　（知事は次の選挙についてすこし考えた）

このような言い方はイギリスではよく使われます
Give the handle a good pull.（取っ手をぐっと引っ張って）
Give the door a big push.（ドアを力一杯押して）

（　）の中に適当な語を入れて表現してみよう
　The girl at the reception (　　　) us a friendly (　　　).
　　（受付の女の子は私たちに親しげに微笑んだ）
　The committee (　　　) special (　　　) to the crime report.
　　（委員会は特に犯罪の報告書に着目した）

あれって opposite effect（逆効果）じゃない

7. give up と give off の使い方

I don't want to give up my hope of building my own house.
（自分の家を建てる希望を諦めるつもりはない）

Ken finally gave up his dream of being a soccer player.
　（健はようやくサッカー選手になる夢を諦めた）
She gave up her job as a nurse and went to Tokyo.
　（看護師の仕事を辞めて、東京に行った）

give off は、「（におい、音、光などを）発する」こと

The mint in my garden gives off a fresh smell.
　（庭のミントがさわやかなにおいがする）

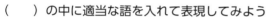

( ) の中に適当な語を入れて表現してみよう
　Are you going to (　　　) (　　　) the idea of publishing a new dictionary?
　　（新しい辞書を出版するのを諦めるのですか）
　The light bulbs in the green house (　　　) (　　　) heat and light.
　　（温室の中の電球が熱と光を発します）

8. give in と give out を使った表現

Ayaka often gives in to the temptation of sweets.
（綾佳はついつい甘い物の誘惑に負ける）

The company gave in to the workers' demand for a pay raise.
　（会社は労働者たちの賃上げ要求に屈した）

give in to ~ で、「（~に書類などを）提出する」ことです

Don't forget to give in your report to the academic office.
　（忘れずにレポートを教務課に提出するように）

give out で、「（物などを）配る」「（光や熱などを）発する」という意味で使われます

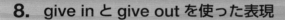

( ) の中に適当な語を入れて表現してみよう
　Please (　　　) (　　　) these flyers to your students.
　　（このチラシを学生たちに配ってください）
　LEDs give (　　　) very clear and colorful (　　　).
　　（LED は鮮明でいろいろな色の光を発する）

She cannot <u>resist</u> the temptation of sweets.
と言うことね

Dialogue

A: (Sensei,) I need you to give me some advice.

B: OK. But give me some time to finish what I'm doing first.

A: Sure. I need to give out these pamphlets for the school festival. I'll come back in half an hour.

...

B: So what can I do for you?

A: Well, I've been giving some thought to studying abroad.

B: Haha, I see you haven't given up that dream.

A: Before up till now my parents were against it, but now they have agreed to give me the chance.

B: Well, I have a lot of information on studying abroad that I can give you.

A: Thank you. I will need a lot of help.

B: Well, I will be very happy to help you. I have given my life to helping students like you.

第13課　give

発展問題

( ) の中に適当な語を入れて表現してみよう

1. I don't want to (　　　) you as much as 100,000 yen for such an unfashionable jacket.
   （こんなダサイ服に10万円も払う気はない）

2. An English breakfast gives me the (　　　) to survive the day.
   （英国式の朝食を食べると、1日頑張れる力が湧いてくる）

3. Please give me some (　　　)(　　　) how to improve my Japanese.
   （日本語が上手になるためのアドバイスをいただけますか）

4. Please give your brief (　　　) on the answer sheet.
   （答を簡潔に解答用紙に書いてください）

5. This guidebook gives (　　　)(　　　) about the accommodations.
   （このガイドブックは宿泊施設について有益な情報を掲載している）

6. The only (　　　) he gave me was that he was tired of working for money.
   （私に言った唯一の理由は、お金のために働くのに疲れたであった）

7. I want you to give me a first-hand (　　　) of the situation in Sudan.
   （スーダンに関する直接見聞きしたことを報告していただけませんか）

8. If you give me (　　　)(　　　), I will surely win a contract.
   （もう一度チャンスをくれるのであれば、必ず契約を取ってきます）

9. Jack has (　　　)(　　　) his career in education and gone into business.
   （ジャックは教育界での仕事を辞めて、実業界に行った）

10. The wire (　　　)(　　　) heat when electricity goes through it.
    （そのワイヤーは電気が通ると熱を発する）

第14課 get

1. get の本来の意味は、何かを苦労して得ることです

Dr. Yukawa got the Nobel Prize for Physics in 1949.
（湯川秀樹博士は1949年にノーベル物理学賞を受賞しました）

I got an A in History but a C in Japanese.
　（私は歴史でAを取りましたが、日本語はCでした）
It is not easy to get a good job when business is poor.
　（不景気の時に良い仕事に就くのは難しい）

get ＋ 人 ＋ 物で、「人にものをとってあげる」という意味になります
Why don't you go to the kitchen and get a spoon for me?
　（台所に行ってスプーンを取ってきてくれないか）

湯川博士はずいぶんと苦労したんでしょうねぇ

get は「買う」という意味もあります

（　）の中に適当な語を入れて表現してみよう
　I (　　　) this (　　　) for 3,000 yen at Shibuya.
　　（渋谷でこのバッグを3,000円で買いました）

2. get は何かが自分の物になることを意味します

"BUY ONE, GET ONE FREE!"
（1つ買うと、もう1つはタダです！）

I got a free hamburger ticket.
　（ハンバーガーのタダ券をもらったの）
My room gets a lot of sunshine.
　（私に部屋は日当たりがいい）
Yukiko got a good idea when she was in the bath.
　（有紀子は風呂の中で名案がひらめいた）

病気などにかかるのも get で表現できます

まぁー、これはお得だわ

（　）の中に適当な語を入れて表現してみよう
　I have (　　　) a terrible (　　　).
　　（ひどい風邪をひいてしまいました）
　Chihiro (　　　) a (　　　) while traveling in Europe.
　　（ちひろはヨーロッパを旅行中に胃痛を起こした）

3. get to A (from B) で「(B から)A に到着する」という意味になります

The party finally got to the top of Mt. Chomolungma.
（とうとうチョモランマの頂上に到達した）

get to A は、A に到達することを強調した表現です
We will get to Madrid in about 30 minutes.
　（マドリードまであと 30 分くらいで着きます）
It takes three hours to get to the bottom of the valley from here.
　（ここから谷の底まで 3 時間かかります）

get to は、一定の時や程度に達することも意味します

やっとの思いで着いたって感じだ

(　) の中に適当な語を入れて表現してみよう
　When you (　　　) (　　　) my age, you start worrying about your health.
　　（私の年齢になれば、健康のことが気になります）
　I am sure that your English has already (　　　) to that (　　　).
　　（君の英語は既にそのレベルに達していると確信している）

4. 「変化する」、「〜になる」という意味の get

Oh, it's getting dark. （暗くなってきたわね）
It's getting cold too. （寒くもなってきた）
We seem to have got lost. （どうやら道に迷ったみたいだね）

{become とおんなじ使い方だ}

The doctor says you are getting better.
　（お医者さんはよくなってきているって言ってるわよ）
Things will get worse if you do not do anything about it.
　（何もしないと事態はますます悪くなります）

get + 過去分詞や to+ 動詞の原形で、そのようになるという意味です

become と同じ意味で使っているね

(　) の中に適当な語を入れて表現してみよう
　They got (　　　) in 2005 and got (　　　) in 2018.
　　（彼らは 2005 年に結婚し、2018 年に離婚しました）
　How did you (　　　) to (　　　) each other?
　　（どのようにして知り合ったのですか）

5. get は目的語を取り、それをどういう状態にしたいのかを表現します

Get that dog out of this room immediately!
（犬をただちに外に出しなさい！）

親は The dog is out of this room. という状態にしたいので、get を使ってこのように言うのです

右側の文が意味する状況をイメージして左の文を言っています

（　）に中に適当な語を入れて表現してみよう

Everyone is ready to go.　→　I will get (　　　) (　　　) to go.
　（皆が出かける準備完了）　　　（皆に出かける準備をさせます）

The door is fixed.　→　Let me see if I can get the (　　　) (　　　).
　（ドアが直っている）　　　（ドアを直せるか見てみよう）

Your pupils read it aloud.　→　Get your (　　　) to (　　　) it aloud.
　（生徒たちが音読をする）　　　（生徒に音読をさせなさい）

The fire is going.　→　Get the (　　　) (　　　), otherwise we'll freeze.
　（火が燃え続けている）　　　（火を燃え続けさせろ、凍死するぞ）

6. やっとの思いで入る get in(to)、出る get out (of)

We managed to get into the house.
（私たちは何とかして家に入りました）

get into は、「入り込む」ことから、「厄介なことに関わり合う」なども意味します

I don't want to get into any more trouble.
　（もうこれ以上トラブルに巻き込まれるのはご免だ）
She was so tired that she got into bed immediately.
　（彼女は疲れていたので、早々にベッドに潜り込んだ）

鍵を置き忘れるとこうなるのよね

get out は、「(狭いところから) 出て来る」、「脱出する」などの意味があります

（　）の中に適当な語を入れて表現してみよう

As soon as I heard the fire alarm, I (　　　) (　　　) of (　　　).
　（火災報知器が鳴るや、私はベッドから飛び起きた）

I tried many times to get out (　　　) the habit of holding my smartphone all the time.
　（私はこれまで何度もスマホ依存から抜け出そうと試みた）

7. get up は上に向かわせること、get down は下に向かわせること

I get up in the sunshine every morning.
（毎朝朝日を浴びて起床します）

get up とは、上の方に移動すること、「起き上がる」、「立ち上がる」ことです

My daughter asked me to get her up at 5.
　（娘は5時に起こしてくれと私に頼んだ）
The patient tried to get up from the wheel chair.
　（患者は車いすから立ち上がろうとした）

So, you are up when the sun is up. 健康的！

get down とは、「下の方向に動かす」こと、「現実的になる」ことも意味します

（　）の中に適当な語を入れて表現してみよう
　Can you (　　　) down those (　　　) from the shelf?
　　（あれらの本を棚から下ろしてください）
　Let's (　　　) (　　　) to business/work.
　　（仕事を始めよう）

8. get on は乗ること、get off は降りること

Get on the subway at Shibuya, and get off at Akasakamitsuke.
（渋谷で地下鉄に乗り、赤坂見附で下りてください）

get on には、「仕事や人間関係をうまく続ける」という意味もあります

Please get on with your work.
　（仕事をそのまま続けてください）
Mitsuki is getting on with her classmates well.
　（美月はクラスメートと上手にやっている）

get off には、「離れる」、「やめる」などの意味もあります

（　）の中に適当な語を入れて表現してみよう
　Sorry, I have to (　　　) (　　　) to an English class.
　　（ご免、英語の授業に行かなくちゃいけないの）
　It is nice that I can get off (　　　) on time these days.
　　（最近は定時に仕事が終わるのでいい）

Dialogue

A: I want to get into the habit of getting up early.

B: Really. Why is that?

A: Well, first, I want to get more exercise and sunshine.

B: I can get you up at 5, if you'd like.

A: It gets light early during the summer, so that would be great.

B: Do you really think you can get out of bed that early?

A: Yes, I'll be able to get in a walk, a shower, and breakfast.

B: If you get ready the night before, you can get off to work early, too.

A: Yeah, I can get on the train before it gets crowded.

B: So when do you begin?

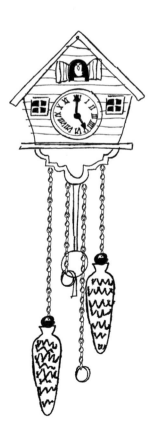

第14課　get

1. (　) の中に適当な語を入れて表現してみよう

   1. The more I (　　) to know about Brazil, the more interested I (　　) in it.
      （ブラジルのことを知れば知るほど、興味が湧いてくる）

   2. Out of curiosity, the boy (　　) (　　) the ladder to the attic.
      （少年は興味深そうに屋根裏部屋への階段をよじ登った）

   3. I do not mean to (　　) you (　　), but I did not do well on the test.
      （がっかりさせるつもりはないが、テストの結果がよくないんだ）

   4. He got (　　) the plane and hastily got (　　) an airport limousine.
      （飛行機から降りると、急いでリムジンに乗り込んだ）

2. [　] の中から適当な語句を選んで、(　) の中に入れて表現してみよう

   1. She got the (　　　　) in the 100-meters breast stroke.
      （彼女は100メートル平泳ぎで銅メダルを取った）

   2. We want to get more (　　　　) about the Boston Museum.
      （私たちはもっとボストン美術館について情報を得たい）

   3. When you get to the (　　　　) of the story, you will see why he was killed.
      （最後まで読めば、彼がなぜ殺されたかが分かる）

   4. When your English gets to the (　　　　), you can apply for college.
      （英語のレベルが中級に達したら、大学に応募できるぞ）

   5. Our car got (　　　　) in the mud.
      （車がぬかるみにはまった）

   6. It is important to get into the (　　　　) of checking your e-mail every day.
      （毎日メールをチェックする習慣をつけるのは大切です）

   [bronze medal、end、habit、information、intermediate level、stuck]

85

make

1. make とは物を作り出すこと

Our company makes quality cars.
(我が社は質の高い車を作っています)

We make traditional Japanese-style furniture.
 (私たちは伝統的な日本調家具を作っています)
The director is famous for making good documentary films.
 (その監督はよいドキュメンタリー映画を作るので有名だ)

物以外でも、価値を作り出すのであれば、make を使います

2 and 3 make 5.（2 + 3 = 5）

（　）の中に適当な語を入れて表現してみよう
 Is there any way to (　　　) money easily?
  （簡単にお金を儲ける方法はないかなぁ）
 The family (　　　) a fortune by selling whiskey.
  （その一家は、ウイスキーを売って富を成した）

まさに、物作りの make と言うわけだ

2. 料理をすることも make を使って表現できます

It is fun to make onigiri with various different fillings inside.
(中にいろんなものを入れたおにぎりを作るのは楽しい)

make は、「食べ物を作る、調理する」という意味でもよく使われます

We made curry and rice when we camped out.
 （キャンプでカレーライスを作った）

（　）の中に適当な語を入れて表現してみよう
 Who is going to (　　　) (　　　) this morning?
  （今日の朝食は誰が作るんだい）
 My husband is kind enough to (　　　) (　　　) for me.
  （私の夫は親切にも私のためにお弁当を作ってくれます）

料理を作るのも、立派な物作りです

第 15 課　　make

3. 素材を表す make (out) of と make from

These knives, forks, and spoons are made of silver.
（これらのナイフやフォークやスプーンは銀でできています）

The craftsmen skillfully make tables and chairs out of oak wood.
　（職人たちはオーク材を使って巧みにテーブルやイスを作ってゆきます）
These tables and chairs are made (out) of oak wood.
　（これらのテーブルやイスはオーク材でできています）

素材が分からないような場合は、通常 from を使います

（　）の中に適当な語を入れて表現してみよう
　The farmers (　　　) cheese and butter (　　　) the milk of sheep.
　　（農民は羊の乳からチーズやバターを作っています）
　This vegetable juice is only (　　　) (　　　) organic vegetables.
　　（この野菜ジュースは有機野菜だけで作られています）

へぇー、超豪華！

4. make ＋動詞から来た名詞の構文

We will have to make a serious decision soon.
（私たちはすぐに重大な決断をすることになる）

decide を名詞にすることで、表現の幅が広がります

We made a final/unanimous/tough/difficult/right/wrong/important decision.
　（私たちは最終的な、全会一致の、つらい、難しい、正しい、間違った、重要な決定をした）
They made a judicial/investment/political/informed decision.
　（彼らは司法の、投資の、政治的な、よく理解した上での決断を下した）

make ＋動作名詞の構文は広く使われています

動詞を軽くして、目的語の名詞にいろいろな形容詞を付けて表現をする、うまいな

（　）の中に適当な語を入れて表現してみよう
　Students should (　　　) full (　　　) of the school facilities.
　　（学生は学校の施設を存分に使った方がいい）
　It is tough to (　　　) no (　　　) in the exams.
　　（試験でミスを全くしないようにするのは大変だ）

5. make はいろいろな名詞や形容詞と結びつきます

His theory doesn't make any sense to me.
（彼の理論は、私にはちんぷんかんぷんだ）

make sense とは、「筋が通っている」「理解しやすい」という意味です

It makes a big difference whether you are college graduate or not.
　（大卒か否かは大きな違いがある）
You made no effort to improve your French in France.
　（君はフランスでフランス語の勉強を頑張らなかった）

make の後に目的語と形容詞を伴ったり、that 節を繋げたりできます

（　　）の中に適当な語を入れて表現してみよう
　These photos (　　　) me (　　　).
　　（これらの写真を見て気分が悪くなった）
　The instructor (　　　) (　　　) that everyone arrived safely.
　　（引率者は全員が無事に到着したことを確認した）

何事も effort を make しないようではダメということね

6. make は、人をどうこうさせるという使役の意味があります

This sunset scene makes me want to go home.
（この夕焼けの風景を見ていると、故郷に帰りたくなる）

「使役」とは、夕焼けの風景が、I want to go home と思わせる原因となるという意味です

The coach made us run another mile.
　（コーチは私たちをもう1マイル走らせた）
The taste of sushi makes Haruna feel homesick.
　（遥那は寿司を食べると、故郷が恋しくなる）

（　　）の中に適当な語を入れて表現してみよう
　We were (　　　) to (　　　) a ¥100,000 community tax.
　　（私たちは地方税を10万円払わされた）
　The test results really (　　　) me (　　　) miserable.
　　（テストの結果に、自分が惨めに思えた）

このお寿司を食べると、故郷を思い出すんだよね

7. make up とは、「作りあげる」「構成・編成する」という意味です

Japanese Brazilians make up about 15 percent of the population of our town. （日系ブラジル人が町の人口のおよそ15％を占めています）

この文を受け身にすると、以下のようになります

About 15 percent of the population of our town is made up of Japanese Brazilians.
　（町の人口のおよそ15％は日系ブラジル人によって構成されています）
Have you made up your mind about the ski trip?
　（スキー旅行どうするか決めたの）
I'm not making up a story. It's true.
　（作り話ではありません、本当です）

（　）の中に適当な語を入れて表現してみよう
　She quickly (　　　) herself (　　　) and went out.
　　（彼女は急いで化粧をし、出て行った）

まさに、内なる国際化だね

8. make out は、「判別する」、「理解する」という意味です

I can't make out what kind of animal it is.
（それがどんな動物なのか見当がつきません）

「（読んだり聞いたりして）理解する」のも make out と言います

I cannot make out your poor handwriting.
　（君の汚い字は読めないよ）
At first, she could not make out what he was saying.
　（最初は、彼が何を言っているのか理解できなかった）

「（人物や性格、状況などを）理解する」のも make out です

（　）の中に適当な語を入れて表現してみよう
　He is such a strange person that no one can (　　　)
　him (　　　).
　　（彼は変わっているので、誰も彼のことを理解できない）
　Yuki was so upset that she (　　　) not (　　　) out what was going on.
　　（優希は気が動転していたので、何が起こっているのか理解できなかった）

make out は、can と共に疑問文や否定文で使われることが多いんだ

Dialogue

A: Excuse me. I couldn't make out what you said.

B: Sorry. I asked whether you were making any progress on your film project.

A: Oh. Well, I haven't made my mind up yet what kind of film I'll make.

B: You'll need to make a decision soon.

A: Yes, it's making me sick.

B: What's the problem?

A: I have too many ideas. I want to make a social statement.

B: About what?

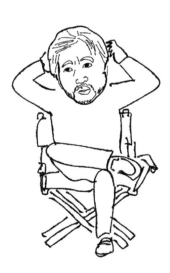

第15課　make

発展問題

1. （　）の中に適当な語を入れて表現してみよう

1. How many people can (　　　) more than 10,000,000 yen a year?
   （どれだけの人が年収1,000万円以上稼げますか）

2. Sayaka and I (　　　) various Japanese food (　　　) the party.
   （沙也加と私はパーティーのためにいろいろな日本食を作った）

3. This jacket is (　　　)(　　　) washi fiber.
   （このジャケットは、和紙の繊維でできています）

4. We need to make (　　　) our (　　　) whether we will sell our house or not.
   （家を売るかどうか決めなければなりません）

2. [　] の中から適当な語句を選んで、（　）の中に入れて表現してみよう

1. Many companies are making more (　　　　　　) of IT.
   （多くの会社がITをより効果的に使いこなしています）

2. We have made (　　　　　　) in the use of artificial intelligence.
   （私たちは人工知能の利用においてある程度進歩した）

3. We have been making (　　　　　　) to increase the membership.
   （私たちは会員を増やそうと相当な努力をしてきた）

4. I don't want to make the (　　　　　　) by saying that.
   （それを言うことで状況を悪化させたくない）

5. This passage makes me (　　　　　　) she was killed.
   （この文書を読んで、なぜ彼女は殺されたのかを考えた）

6. I could not make out her (　　　　　　) on the phone.
   （彼女が電話で言った言葉を正確には聞き取れなかった）

[effective use、exact words、situation worse、some progress、tremendous efforts、wonder why]

イラストでサポート：
基本語彙を使った英語表現演習

©2019 年 1 月 31 日　第 1 版発行

編著者　　　　　　鳥飼　慎一郎

発行者　　　　　　原　雅久
発行所　　　　株式会社 朝日出版社
〒101-0065 東京都千代田区西神田 3-3-5
電話　(03) 3239-0271
FAX　(03) 3239-0479
E-mail　text-e@asahipress.com
振替口座　00140-2-46008
https://www.asahipress.com/
組版／メディアアート　製版／錦明印刷

乱丁・落丁本はお取り替えいたします。
ISBN 978-4-255-15620-0

本書の一部あるいは全部を無断で複写複製（撮影・デジタル化を含む）
及び転載することは、法律上で認められた場合を除き、禁じられています。